Update!
90 Jahre Bauhaus
– und nun?

Update!
90 Years Bauhaus
—What Now?

Update!
90 Jahre Bauhaus
– und nun?

ANNETT ZINSMEISTER (HG)

Update!
90 Years of the Bauhaus
—What Now?

ANNETT ZINSMEISTER (ED)

EDITION WEISSENHOF

FÜR | FOR ARNO VOTTELER

Inhalt

Contents

Vorwort

Preface

Update!
90 Jahre Bauhaus
– und nun?

VON ANNETT ZINSMEISTER

Lev Manovich vertritt in seinem Buch The Language of New Media die These, dass sich Gestaltungsgrundsätze des Bauhauses und der Avantgarde erst mit der Entwicklung digitaler Medien weitreichend durchgesetzt haben. Demnach spukt das Bauhaus nicht nur als historisches Vorbild in den Gemäuern aller Kunst- und Gestaltungshochschulen, sondern begegnet uns in bildhafter Gestalt auf jeder Benutzeroberfläche. Mit und in der Verbindung von Kunst und Industrie am Bauhaus entstand in der Tat schlicht das, was wir heute Design nennen. ¶ Das Bauhaus, das 1919 in Weimar gegründet wurde, reagierte seinerzeit auf bahnbrechende technische und gesellschaftliche Umwälzungen. Technologische Neuerungen wie die Fließbandproduktion, Rationalisierung, die Begründung der Arbeitswissenschaft, Scientific Management und Effizienzanalysen wie die Bewegungsstudien des Ehepaars Gilbreth revolutionierten die Herstellungsprozesse. Kunst und Technik – Eine neue Einheit proklamierte Walter Gropius 1923 und legte mit dem Bauhaus einen Grundstein für das Ineinandergreifen von Gestaltung und industrieller Fertigung. 90 Jahre später ist diese Verbindung, das heißt das Design von Produkten aller Lebensbereiche bis hin zur Architektur zum Lifestyle geworden. ¶ Mit der Entwicklung des Computers fallen erstmals die Techniken der Gestaltung, der Produktion und der Distribution in einem Medium zusammen. Mit dieser Kopplung stellt sich heute die Frage nach Neuerungen in Produktionsprozessen und deren Bedeutung für Gestaltungskompetenzen in wiederholter und doch veränderter Weise, denn die Innovation der mass customization und eines design on demand basiert auf einer Verschmelzung von serieller Produktionstechnik und individuellen Kundenwünschen, die weit über das hinausreicht, was im Bauhaus seinen Anfang nahm und was in der Automobilindustrie schon seit einigen Jahren gang und gäbe ist. ¶ Um 1900 herrschte eine gesellschaftspolitische und künstlerische Aufbruchstimmung, die sehr unterschiedliche Blüten trieb. Seit Mitte des 19. Jahrhunderts rumorte es, nicht nur in Deutschland: Gesellschaftliche Normen und tradierte künstlerische Inhalte und Methoden wurden infrage gestellt und es entstand eine Vielzahl an nationalen und internationalen Bewegungen. Neugegründete ländliche Künstlerkolonien (zum Beispiel in Dachau oder Worpswede) sollten Raum bieten, um den Lebensalltag und das künstlerische Schaffen enger zu verzahnen sowie Gleichgesinn-

Update!
90 Years of the Bauhaus
—What Now?

BY ANNETT ZINSMEISTER

In his book **The Language of New Media** Lev Manovich supports the thesis that the design principles of the Bauhaus and the avant-garde only attained wide-scale acceptance with the development of digital media. According to his theory, the Bauhaus is not only a historical role model haunting the buildings of all colleges of art and design, but also encountered in graphic form on every user interface. Indeed— what we know as design today evolved with and in the combination of art and industry at the Bauhaus. ¶ In its time, the Bauhaus—which was founded in Weimar in 1919—was reacting to massive pioneering technical and social changes. Technological innovations like conveyor-belt production, rationalisation, the founding of industrial science, scientific management, and efficiency analyses like the studies of motion made by married couple Gilbreth revolutionised production processes. In 1923, Walter Gropius proclaimed **art and technology—a new unity** and he laid a foundation stone for the enmeshing of design and industrial manufacture with the Bauhaus. Ninety years later, this union—that is, the design of products in all spheres of life even to architecture—has become a lifestyle. ¶ The development of the computer means that for the first time the technologies of design, production and distribution have come together in one medium. Today, this link-up prompts the much-repeated, yet altered question of innovation in production processes and its significance for design competencies, since the innovation of **mass customization** and **design on demand** is based on a merging of serial production technology and individual customer wishes. This goes much further than what began in the Bauhaus and has been common practice in the car industry for several years now. ¶ Around 1900, the dominant sociopolitical and artistic mood was one of departure, which yielded a wide range of developments. The rumbles of change had been heard since the mid-nineteenth century, not only in Germany: social norms and traditional artistic content were being questioned and a large number of national and international movements emerged. Newly-founded rural artist colonies (for example in Dachau or Worpswede in Germany) intended to offer a place where everyday life and artistic production could be more closely interwoven, as well as providing like-minded people with a platform for communal life and work. At the beginning of the twentieth cen-

ten eine Plattform für das gemeinsame Leben und Arbeiten zu bieten. Zu Beginn des 20. Jahrhunderts traf sich beispielsweise ein internationales Publikum von Künstlern und Intellektuellen unterschiedlichster Disziplinen auf dem Monte Verità in Ascona zum Austausch, zur gemeinsamen Gartenarbeit und Freikörperkultur und vielem mehr. 1927 krönte der Architekt Emil Fahrenkamp den »Berg der Wahrheit« mit einer baulichen Ikone der Moderne, die man gemeinhin einem »Bauhausstil« zuordnet, obgleich Fahrenkamp weder am Bauhaus studiert hatte noch lehrte, sondern in dieser Zeit bereits als Architekt international erfolgreich tätig war. Dieses Beispiel zeigt, dass die Architektur der sogenannten klassischen Moderne und der neuen Sachlichkeit in einem Atemzug mit dem Bauhaus genannt werden oder mit dem virtuellen Label Bauhausstil etikettiert werden, über das sich trefflich streiten lässt. ¶ Die Suche nach alternativen Lebenskonzepten und künstlerischen Ausdrucksformen führte seinerzeit zu zahlreichen neuen Kunstrichtungen und zu Gründungen von Privatschulen als Lehr- und Versuchsateliers für Angewandte und Freie Kunst sowie zu programmatischen Künstlervereinigungen wie zum Beispiel dem Werkbund, dem Arbeitsrat für Kunst und vielen mehr. 1919 gründete der Architekt Walter Gropius, Mitglied der beiden genannten Vereinigungen, mit der Zusammenlegung von Kunstakademie und Kunstgewerbeschule in Weimar das sogenannte Bauhaus. Gropius verstand das Bauhaus als Gegenmodell zu einem weltfremden Akademismus und wollte in Weimar ein Lehrmodell erproben, das sich von Traditionen verabschieden und mit anderen Reformschulen vernetzen sollte. ¶ Das Bauhaus spiegelte in seinen Anfängen die sehr unterschiedlichen Strömungen der damaligen Zeit wider – etwa Expressionismus, Konstruktivismus, Dadaismus, reformerische und spirituelle Ansätze, De Stijl, Funktionalismus usw. Dieses breite Spektrum lag unter anderem darin begründet, dass Gropius neun sehr unterschiedliche Künstlerpersönlichkeiten als Lehrer an das Bauhaus berief, Johannes Itten, Oskar Schlemmer, Paul Klee, Lyonel Feininger, László Moholy-Nagy, um nur einige zu nennen, und ihnen die Leitung einer Werkstatt oder des neu eingerichteten Vorkurses übertrug. ¶ Der Vorkurs, der als eine der herausragenden Besonderheiten und Innovationen des Lehrmodells Bauhaus gilt, bezeichnet die ein- bis zweisemestrige Grundlehre, die in den ersten Bauhausjahren von 1920–23 vor allem durch Johannes Itten geprägt wurde. Itten leitete diesen Kurs im Wechsel mit dem Maler Georg Muche, bis er 1923 das Bauhaus verließ und Josef Albers und László Moholy-Nagy die

tury, for example, an international group of artists and intellectuals from various disciplines met on Monte Verita in Ascona to exchange ideas, work in the gardens together, practise nudism, and much more. In 1927, architect Emil Fahrenkamp topped the Mountain of Truth with an architectural icon of modernity, which is generally attributed to the Bauhaus style, although Fahrenkamp had neither studied nor taught at the Bauhaus; he was already an internationally successful architect at the time. This example demonstrates that the architecture of so-called Classical Modernism and New Objectivity is often named in the same breath as the Bauhaus or given the virtual label **Bauhaus style,** which triggers some stimulating discussions. ¶ At the time, the search for alternative life concepts and forms of artistic expression led to many new trends in art and to the founding of private schools, **teaching and experimental studios for applied and fine arts,** as well as to programmatic associations of artists like the **Werkbund,** the **Arbeitsrat für Kunst,** and many more. In 1919, architect Walter Gropius, a member of both associations cited, amalgamated the Art Academy and the School of Applied Art in Weimar to found the so-called Bauhaus. Gropius understood the Bauhaus as a counter model to the ivory tower of academism and wished to experiment with a teaching model in Weimar that abandoned traditions, creating a network with other reform-oriented colleges. ¶ The beginnings of the **Bauhaus** reflected the very different trends of that period—e.g., Expressionism, Constructivism, Dadaism, reforming and spiritual starting points, De Stijl, functionalism, etc. Among other things, this wide spectrum was due to fact that Gropius appointed nine very different artist personalities as Bauhaus lecturers—including Johannes Itten, Oskar Schlemmer, Paul Klee, Lyonel Feininger and László Moholy-Nagy, to name only a few—and gave them responsibility to direct a workshop or the newly-established Vorkurs (preliminary course). ¶ The Vorkurs, which is regarded as one of the outstanding specialities and innovations of the Bauhaus training model, was the name given to one or two semesters of basic teaching primarily influenced by Johannes Itten in the first Bauhaus years from 1920–23. Itten alternated with painter Georg Muche in running this course until he left the Bauhaus in 1923 and was succeeded by Josef Albers and later László Moholy-Nagy. However, the idea of such basic training in fine art was not entirely new; it had been tested as from 1902, i.e., some years before the foundation of the Bauhaus, in one of the private reforming or anti-academic schools run in Munich by sculptor

Nachfolge antraten. Die Idee einer freien künstlerischen Grundlehre war allerdings nicht ganz neu, sie wurde schon ab 1902, also einige Jahre vor der Gründung des Bauhauses in einer jener reformerischen bzw. antiakademischen Privatschulen des Bildhauers und Theoretikers Hermann Obrist und des Malers und Innenarchitekten Wilhelm von Debschitz in München erprobt: Ein Jahr gemeinsamer Elementarunterricht, in dem man »jubelnd ausschwärmen« (Obrist, 1977: 83) konnte, lautete das ursprüngliche Konzept, das den Schülern größtmögliche Freiheit und Freude am Lernen bieten sollte. ¶ Der Wechsel der Direktoren 1928 und 1930 hatte grundlegende Auswirkungen auf den Vorkurs und somit auch auf die Lehrstruktur des Bauhausmodells. Hannes Meyer stellte zunächst die Notwendigkeit der künstlerisch geprägten Grundlehre infrage und verlieh ihr inhaltlich eine neue Richtung hin zur Gestaltpsychologie, Soziologie und Ökonomie, ganz in seinem Sinne eines allgemeinen Kurswechsels des Bauhauses hin zur Architektur und Wissenschaft. Mies van der Rohe machte aus dem ehemals interdisziplinären verbindlichen Vorkurs, den alle Studenten gemeinsam besuchten, ein Wahlfach und brach damit das Lehrmodell endgültig auf. ¶ Das Bauhaus verkörperte vor allem in seinen Anfängen ein neues Ausbildungskonzept, das diverse Vereinigungen erprobte. Das war zum einen die Verbindung von Kunstakademie und Kunstgewerbeschule, sprich die Verbindung der Lehre von den freien und angewandten Künsten. Die Idee einer »Einheitskunstschule«, die Bruno Paul 1918 einforderte und in welcher der Architektur eine zentrale Rolle zukommen sollte, stand zudem Pate: »Diese nur zeichnende und malende Welt der Musterzeichner und Kunstgewerbler muß endlich wieder eine bauende werden«, proklamierte Walter Gropius 1919 in seinem Bauhaus-Manifest und wollte die Trennung von zwei- und dreidimensionaler Gestaltungslehre aufheben. Bemerkenswert ist, dass das Bauhaus in den ersten neun Jahren nur in seinem Titel die Disziplin Bauen führte. Architektur als eigenständige Lehreinheit gab es, zumindest unter Gropius' Leitung, nicht. Die Verbindung zur Architektur wurde vielmehr über das Baubüro Gropius eingelöst, das Konzepte und Überlegungen, die am Bauhaus entstanden waren, wie beispielsweise das Musterhaus »Am Horn« (basierend auf dem Entwurf des Malers Georg Muche), realisierte; die Innenausstattung

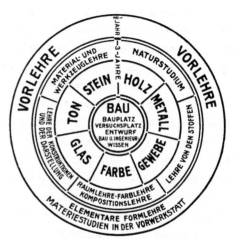

ANNETT ZINSMEISTER

and theorist Hermann Obrist and painter and interior designer Wilhelm von Debschitz. The original concept included a year of joint elementary teaching, in which students could »swarm out enthusiastically« (Obrist, 1977: 83). The aim was to provide pupils with the greatest possible freedom and enjoyment in learning. ¶ Changes of directors in 1928 and 1930 had a fundamental impact on the Vorkurs and thus on the teaching structure of the Bauhaus model. Hannes Meyer initially questioned the necessity of predominantly artistic preparatory training and gave the course content a new orientation towards **Gestalt** psychology, sociology, and economics. This concurred completely with a general change of course that he introduced, tending towards architecture and science. Mies van der Rohe made the formerly interdisciplinary, compulsory foundation course—which all students had attended—into a voluntary subject and ultimately broke up the teaching model. ¶ In its earliest period in particular, the Bauhaus embodied a new concept of training, which experimented with various combinations. Firstly, it was the merger of an art academy and a school of applied art, i.e., the combination of teaching fine and applied arts. Further inspiration lay in the idea of a unified art school, which Bruno Paul had demanded in 1918 with architecture occupying a key position: »This purely drawing and painting world of the pattern draftsman and applied artist finally needs to be redefined as a constructive world«, Walter Gropius proclaimed in his Bauhaus manifesto in 1919, and thus he sought to abolish the separate teaching of two- and three-dimensional design. It is remarkable that the Bauhaus bore the discipline of building in no more than its title for the first nine years. Architecture as an independent teaching unit did not exist, at least not under Gropius's directorship. Instead, the link to architecture was promised via Gropius's own construction office, which realised concepts and ideas that had emerged at the Bauhaus, e.g., the model house »Am Horn« (based on a design by painter Georg Muche); the interior furnishing of such buildings was then completed via the workshops and with the cooperation of many students. At the Bauhaus, until Gropius left, there were artistic and workshop-oriented teaching units, as well as the offers of training from which separate subjects such as Industrial Design and Communication Design have developed in the meantime. ¶ In the

Abb. 1: **Walter Gropius:**
Schema des Unterrichts am Bauhaus, 1922

Fig. 1: Walter Gropius:
scheme of teaching at the Bauhaus, 1922

der Bauten wurde dann über die Werkstätten und die Mitarbeit zahlreicher Schüler bewerkstelligt. Am Bauhaus gab es bis zu Gropius' Fortgang künstlerische und werkstattorientierte Unterrichtseinheiten und jene Lehrangebote, aus denen sich bis heute eigenständige Fachgebiete wie Industrial Design und Kommunikationsdesign entwickelt haben. ¶ Mit der Zeit wurde die Verbindung von Kunst und Technik, von serieller Produktion und individuellem Schöpfungsakt zu einem zentralen Thema in der Ausbildung und in der Gestaltung. Der formulierte Anspruch galt der industriellen Fertigung hochwertig gestalteter Produkte, um sie für einen Großteil der Bevölkerung in einem nach dem Ersten Weltkrieg wirtschaftlich erschöpften Deutschland verfügbar und bezahlbar zu machen. ¶ Es war die Vereinigung von unterschiedlichen Disziplinen, die das Bauhaus unter Gropius' Leitung inhaltlich und strukturell prägte, mit dem Vorkurs als allgemeine Grundlehre, mit einem breiten Spektrum an verschiedenen Lehrpersönlichkeiten und Werkstätten. Interdisziplinarität ist ein Anliegen und eine Innovation, die man dem Bauhaus zuschreiben kann. ¶ Gropius ließ den Meistern die Freiheit, sich künstlerisch weiterzuentwickeln. Die Lehrenden konnten entscheiden, wie viel Zeit sie im Bauhaus anwesend und lehrend tätig waren. Einige haben sich vorrangig ihrer eigenen Arbeit anstatt der Lehre gewidmet. Es gab kein zwingendes Format, keine Gleichförmigkeit, sondern einen größtmöglichen individuellen Gestaltungsspielraum, der das Bauhaus zu einem Labor künstlerischer Forschung und Lehre machte. ¶ Nicht allein die Kunst in ihren unterschiedlichen Facetten und Dimensionen, sondern auch die Lehre und der Lebensalltag wurden als Einheit begriffen. Mit der Planung des Bauhausgeländes in Dessau konzipierte Gropius eine Art Kolonie, in der Lehrende und Studierende gemeinsam lebten und arbeiteten. Das Bauhausgebäude ist eine bauliche Einheit aus Ausbildungsstätte und Wohngebäude der Studenten, die Meisterhäuser liegen fußläufig entfernt und waren bis auf das Direktorenhaus als Doppelhäuser konzipiert (sogar mit direkten Verbindungstüren zum angrenzenden Nachbarhaus). ¶ Zu guter Letzt leistete das Bauhaus auch der Vereinigung von Mann und Frau Vorschub, denn immerhin gingen aus

course of time, the connection between art and technology, between serial production and the individual creative act became a key theme in the training model and design. The formulated ambition was the industrial manufacture of products with high-quality design in order to make them both available and affordable to a large proportion of the population in a country that had experienced economic exhaustion after the First World War. ¶ It was the

union of different disciplines that shaped the content and structure of the Bauhaus under Gropius's directorship, with the preliminary course as basic general teaching and a wide spectrum of different teaching personalities and workshops. The aim and innovation of the interdisciplinary may be accredited to the Bauhaus. ¶ Gropius gave his masters the freedom to go on developing artistically. The lecturers could decide how much time they spent actually at the Bauhaus and busy teaching. Some of them devoted themselves primarily to their own work rather than to training students. There was no compulsory format and no uniformity, but the greatest possible individual freedom for creativity, which made the Bauhaus into a laboratory of artistic research and teaching. ¶ Not only art, with its diverse facets and dimensions, but also the teaching and everyday life at the Bauhaus were understood as a unity. When planning the Bauhaus campus in Dessau, Gropius's concept was reminiscent of a kind of colony in which teachers and students would live and work together. The Bauhaus building is a structural unit comprising the teaching institute and the students' residential building; the masters' houses are a short walking distance away. With the exception of the director's house, they were planned as semi-detached (even with direct connecting doors to the adjacent house). ¶ Finally, the Bauhaus also advanced the union of man and woman, for in the short period of its existence the Bauhaus provided the setting for seventy-one marriages between its members! Of course, the intensity of living and learning together, the interaction of different and sometimes opposite tendencies and positions did not occur without tensions and it did not only lead to lifelong alliances, either: besides what were surely many constructive arguments, unfortunately there were also a large number of de-

UPDATE! 90 YEARS OF THE BAUHAUS

ANNETT ZINSMEISTER

17

der kurzen Bestehenszeit des Bauhauses 71
Ehen zwischen Bauhäuslern hervor! Diese
Intensität des Zusammenlebens und Ler-
nens, des Zusammenwirkens von unterschiedlichen, bisweilen gegensätzlichen Aus-
richtungen und Positionen ging selbstredend
nicht reibungslos vonstatten und führte auch
nicht nur zu lebenslangen Bundnissen, sondern – neben sicherlich vielen konstruktiven
Auseinandersetzungen – leider auch zu einer
Vielzahl an Streitigkeiten bis hin zu Zerwürf-

nissen und bitteren Trennungen. ¶ Denkt man an so unterschiedliche Persönlichkeiten wie an den spirituell geprägten Johannes
Itten und den funktionalistisch orientierten Walter Gropius, so
nimmt es nicht wunder, dass diese beiden prägnanten Persönlichkeiten nicht auf Dauer zusammen arbeiten konnten bzw.
wollten, und dass die wechselhafte Geschichte des Bauhauses
von sehr unterschiedlichen Persönlichkeiten und vielen Umbrü-
chen geprägt wurde. Im Laufe seines Bestehens sollte sich die
Ausrichtung als Lehrmodell je nach Leitung immer wieder neu
justieren und deutlich verändern; nach dem Ausscheiden von
Walter Gropius, das den Fortgang vieler Künstler nach sich zog,
folgte 1928–30 Hannes Meyer und 1930–33 Mies van der Rohe
bis zur Schließung des Bauhauses durch die Nationalsozialisten
und jeder Direktor verlieh dem Modell Bauhaus eine eigene Prägung. ¶ Obwohl das Bauhaus gerade einmal 14 Jahre bestehen
konnte und zudem mehrfach die Leitung, den Standort und das
Profil wechselte, gewann es weltweit Einfluss und galt Jahrzehnte als vorbildhaftes Lehrmodell: Bis heute sind Ansätze der Bau-
hauslehre an den gestalterischen Hochschulen, insbesondere
in der Gestaltungslehre sowie in der freien und angewandten
künstlerischen Praxis erkennbar und das Etikett »Bauhausstil«
klebt weltweit und meist unverdient an zahlreichen weißen Gemäuern. ¶ Als aktuell gefeiertes interdisziplinäres, aber eben
auch streitbares Lehrmodell bietet das Bauhaus 90 Jahre nach
seiner Gründung einen wunderbaren Anlass, dessen Aktualität
zu diskutieren; die Beiträge des vorliegenden Bandes basieren
auf Vorträgen eines gleichnamigen Symposiums, welches das
Weißenhof-Institut an der Staatlichen Akademie der Bildenden
Künste in Stuttgart 2009 ausrichtete. ¶ Die Kunstakademie in
Stuttgart spielt in der Geschichte des Bauhauses eine kleine,
aber dennoch prägende Rolle, denn dort lehrte Adolf Hölzel, der
als Mitbegründer der Münchner und Wiener Secession bereits

ANNETT ZINSMEISTER

structive disputes, even quarrels and bitter rifts. ¶ When one considers such different personalities as the spiritually inspired artist Johannes Itten and Walter Gropius with his functionalist orientation, it is no wonder that these two striking personalities neither could nor wanted to work together on a long-term basis, and that the changeable history of the Bauhaus was shaped by very different personalities and many radical changes of course. During its existence, the Bauhaus's direction as a

teaching model was to be readjusted and subject to change according to the directorship; after Walter Gropius left, with many artists following in his wake, Hannes Meyer took over the directorship from 1928–30, followed by Mies van der Rohe from 1930–33, when the Bauhaus was closed down by the National Socialists. Each director had his own characteristic influence on the Bauhaus model. ¶ Although the Bauhaus existed for no more than fourteen years and changed its directorship, location, and profile several times during that period, it acquired world-wide influence and was viewed as an exemplary teaching model for decades: it is still possible to discern the basic starting points of the Bauhaus teaching at colleges of design, particularly in the teaching of design, as well as in fine and applied arts practice today. The label »Bauhaus style« has been pasted onto innumerable white buildings all over the world—usually without justification. ¶ As a currently feted, interdisciplinary but also contentious model of training, the Bauhaus—ninety years after its foundation—provides an ideal occasion to discuss its present-day relevance; the essays in this volume are based on contributions made to a symposium of the same name, which was organised by the Weißenhof-Institute at the State Academy of Fine Arts, Stuttgart in 2009. ¶ The Stuttgart art academy played a small but nonetheless influential part in the history of the Bauhaus, for Adolf Hölzel—who had already opened, as co-founder of the Munich and Vienna Secessions, one of those anti-academic painting schools in the newly-founded artists' colony in Dachau in 1897 and is regarded as a pioneer of abstraction today—taught in Stuttgart. In 1905, he was appointed to what was still the Royal Academy of Fine Arts in Stuttgart and taught a newly conceived notion of artistic means and his own theory of colours to numerous pupils including Johannes Itten, Oskar Schlemmer, Willi Baumeister, and many others before leaving

1897 eine jener antiakademischen Malschulen in der neu gegründeten Künstlerkolonie in Dachau eröffnet hatte und heute als einer der Pioniere der Abstraktion gilt. 1905 wurde er an die damals noch Königliche Akademie der Bildenden Künste in Stuttgart berufen und vermittelte seine neu konzipierte Lehre von den bildnerischen Mitteln und von einer eigenen Farbtheorie zahlreichen Schülern wie Johannes Itten, Oskar Schlemmer, Willi Baumeister und vielen anderen, bis er 1919 die Akademie verließ und Paul Klee seine Nachfolge antrat. Durch die Berufung von Itten und Schlemmer an das Bauhaus in Weimar fanden Aspekte der Lehre Hölzels Niederschlag in den Lehrinhalten des Bauhauses – insbesondere im neu etablierten Vorkurs. ¶ In unmittelbarer Nachbarschaft zur Werkbundsiedlung am Weißenhof gelegen, die bis heute Zeugnis ablegt vom Gestaltungswillen, den gesellschaftlichen und aktuellen Entwurfsthemen der damaligen Zeit und zudem das Wirken einzelner Bauhauslehrer bis heute räumlich erfahrbar macht, erwies sich die Staatliche Akademie der Bildenden Künste als eine ideale Plattform, um über ein Update des Bauhauses zu diskutieren. Die Idee des Symposiums war, ein Forum für Experten, Historiker, Theoretiker, Praktiker und Lehrende zu bieten, um dem Mythos Bauhaus im Kontext einer künstlerischen Ausbildungsstätte nachzugehen, um die Innovationen und Potenziale dieses Lehrmodells aus heutiger Sicht zu begreifen, zu reflektieren und weiterzudenken. ¶ Der vorliegende Band vereint demnach Beiträge von namhaften Experten, die die Besonderheiten, die Einflüsse und die Relevanz des Bauhauses erörtern und hinterfragen. Welche Neuerungen und Themen wurden in den vergangenen 90 Jahren weiter getragen, welche sind noch aktuell oder gar zukunftsweisend? ¶ In ausführlicheren Essays werden manche dieser Fragen mit unterschiedlichen Akzentuierungen in einem ersten Teil des Bandes erörtert. In einem zweiten Teil soll mittels Kommentaren und Statements, die im Kontext von Podiumsdiskussionen gefallen sind, ein diskursives Feld eröffnet werden. Dabei geht es auch um die Frage nach neuen Strukturmodellen in der Lehre, denn in einer zunehmend komplexen Welt erweitert sich das erforderliche Kompetenzspektrum in allen Lebens- und Arbeitsbereichen stetig. Zeitgenössische und vor allem zukunftsträchtige Lehrmodelle stellt dies vor die Herausforderung, auf derlei Entwicklungen zu reagieren und ein erweitertes Spektrum an Lehrinhalten anzubieten und zu vermitteln. Was verstehen wir unter Interdisziplinarität oder der Idee einer interdisziplinären Lehre heute? Was sind die Grundlagen in der Gestaltung zu Beginn des 21.

the Academy in 1919, succeeded by Paul Klee. The appointment of Itten and Schlemmer at the Bauhaus in Weimar meant that aspects of Hölzel's teaching were expressed in the content of training at the Bauhaus—especially in the newly-established **Vorkurs.** ¶ Situated close to the Werkbund settlement at Weißenhof—which continues to provide evidence of that era's will to design, as well as its social and design concerns, and also facilitates a spatial experience of the impact made by individual Bauhaus teachers even today—the State Academy of Fine Arts proved an ideal platform for discussion of a Bauhaus update. The idea of the symposium was to offer a forum at which experts, historians, theorists, practising artists, and teachers/lecturers could investigate the myth of the Bauhaus in the context of an art education institution, thus being able to understand, reflect upon, and develop conceptually the innovations and potentials of this teaching model from today's point of view. ¶ This volume thus brings together contributions from well-known experts who examine and question the special qualities, the influences and the relevance of the Bauhaus. Which innovations and themes have been carried further over the past 90 years: which of them are still relevant or even point the way to our future? ¶ Some of these questions are examined from varying perspectives in more detailed essays included in the first part of the publication. In the second part, the intention is to open up a discursive field by means of commentaries and statements that were made in the context of panel discussions. It is also a matter of new structural models in teaching, as an increasingly complex world means that the essential spectrum of competencies is constantly expanding in all areas of life and work. Contemporary teaching models, but above all those tenable for the future are challenged to react to developments, and to offer and mediate an extended range of content. What do we understand by the interdisciplinary or the concept of interdisciplinary teaching today? What are the principles in design at the beginning of the twenty-first century, now that art in particular has abandoned principles and attributed disciplines successively over the past ninety years, becoming a model of border-crossing? What is the current relation between fine and applied arts? And in the long term, what are our concrete plans for dealing with cultural and disciplinary differences? ¶ Naturally, this volume cannot offer comprehensive answers to these questions, but hopefully it will make a contribution to discussion. Perhaps the statements will trigger further deliberation by raising various aspects and questions rather

Jahrhunderts, nachdem sich vor allem die Kunst in den vergangenen 90 Jahren sukzessive von Grundlagen und disziplinären Zuordnungen verabschiedet hat und zu einem Modell der Grenz-
überschreitung geworden ist? Wie ist das Verhältnis von freier
und angewandter Kunst heute? Und wie wollen wir langfristig mit
kulturellen und disziplinären Differenzen konkret umgehen? ¶
Diese Fragen kann dieser Band selbstredend nicht umfassend
beantworten, aber hoffentlich dazu beitragen, sie zu diskutieren.
Vielleicht können die Statements weitere Überlegungen ansto-
ßen, indem sie Aspekte und Fragen aufwerfen, anstatt verkürzt
Antworten geben zu wollen. Eine ausführliche Bibliografie zum
Thema Bauhaus im Anhang möchte dies unterstützen und ist für
weiterführende Recherchen sicher dienlich. Die Diskussion bezüg-
lich der Aktualität und Aktualisierung des Modells Bauhaus hat
soeben wieder begonnen und erscheint überaus lohnenswert. Es
wäre wünschenswert, wenn die Auseinandersetzung über ein
Bauhaus-Update in weiteren Foren bald eine Fortsetzung finden
würde.

Literatur
| Obrist, Hermann: »Ein künstlerischer Kunstunterricht«. In: Wingler, Hans M.
(Hg.): *Kunstschulreform 1900–1933.* Berlin 1977, S. 83

than providing quick answers. The detailed bibliography on the Bauhaus printed in the appendix follows the same aim and will certainly be useful for further research. The discussion of the current relevance and updating of the Bauhaus model has now been restarted and appears very productive. It is to be hoped that the debate concerning a Bauhaus update will soon be continued in other forums.

Reference
| Obrist, Hermann: »Ein künstlerischer Kunstunterricht«. In: Wingler, Hans M. (ed.): *Kunstschulreform 1900–1933.* Berlin 1977, p. 83

Essays

Essays

Das Bauhaus in Weimar, Dessau und Berlin. Ein Überblick

VON JEANNINE FIEDLER

Ein junger Berliner Architekt namens Walter Gropius hatte die Vision für eine moderne Kunst- und Gestaltungslehrstätte, die der Jugend nach der Katastrophe des Ersten Weltkrieges neue Perspektiven eröffnen sollte. 1918 gehörte Gropius in Berlin zunächst zum Arbeitsrat für Kunst, wo er mit gleichgesinnten Künstlern und Architekten nach Werkbund-Prinzipien, mittelalterlicher Bauhüttentradition und reformerischen Einflüssen aus dem 19. Jahrhundert die alte Kunstakademie aufgebrochen und das Modell für eine neue Schule entwickelt hatte. Im Jahr darauf wurde aus seiner Vision Wirklichkeit, denn 1919 wurde Weimar Schauplatz gleich zweier bedeutender Gründungen, von denen die eine wie die andere weitreichende Nachwirkungen haben würde: Neben der Weimarer Republik wurde in der Heimstatt der deutschen Klassik das Bauhaus aus der Taufe gehoben. Beide waren sie Kinder der Utopie, spiegelten sie nach dem Ersten Weltkrieg den gesellschaftlichen Aufbruch wider, mitsamt seiner sozialen und kulturellen Irritationen. ¶ In einem flammenden Manifest, dem Programm des Staatlichen Bauhauses Weimar, beschrieb Gründungsdirektor Gropius im April 1919 den »Bau als die Kathedrale der Zukunft«, in der Handwerk und schöpferischer Geist zur Synthese gelangten. Denn Kunst, so der Wortlaut, sei nicht lehrbar; sie entstünde gleichsam aus der Anwendung des Handwerks in allen Bereichen der Baukunst und formte so das angestrebte Gesamtkunstwerk. Für junge Künstler und Handwerker, unter denen es in traditionellen Akademien und Lehrbetrieben Deutschlands kursierte, entfaltete das Manifest in seinem expressiven Pathos eine solch magnetische Wirkung, dass viele sich spontan zu jener verheißungsvollen Schule aufmachten. Gropius traf den Nerv der Zeit, der die Jugend herausforderte, am Bauhaus einen neuen Anfang zu wagen. Und sie kamen von überall. Viele aus dem europäischen Ausland, die wenigsten mit einem finanziellen Polster, dafür aber mit viel Mut und großen Hoffnungen ausgestattet, die obligatorische Mappe der kostbaren eigenen Werke unterm Arm: um in Weimar zu studieren. ¶ Über eine grundlegende Gestaltungs-

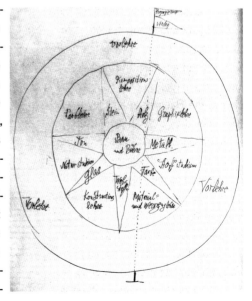

The Bauhaus in Weimar, Dessau, and Berlin. An Overview

BY JEANNINE FIEDLER

A young Berlin architect by the name of Walter Gropius had a vision: a modern art and design teaching institution that would offer new perspectives to young people after the catastrophe of the First World War. In 1918, Gropius was initially a member of the »Working Committee for Art« in Berlin, where—together with like-minded artists and architects—he dismantled the old art academy and developed his model for a new school based on **Werkbund** principles, the mediaeval tradition of lodges, and nineteenth-century reform influences. His vision turned into reality in 1919, when Weimar became the scene of two important foundations, each with far-reaching impact: as well as the Weimar Republic, the Bauhaus was also established in the homeland of German Classicism. Both were born of utopian sentiment, reflecting the spirit of social departure and its irritants within post-war society and culture. ¶ In a blazing manifesto issued in April 1919—the programme of the State Bauhaus Weimar—founding director Gropius described the »building as the cathedral of the future«, in which craftsmanship and the creative spirit would achieve a synthesis. For art, in his words, could not be taught; it evolved quasi from the application of craftsmanship in every sphere of architecture and thus formed the sought-after synthesis of the arts. The manifesto and its expressive pathos exercised such a magnetic attraction for the young artists and craftsmen among whom it circulated at traditional academies and teaching institutions in Germany that many set off spontaneously to attend the school that promised so much. Gropius had felt the pulse of the age, challenging young people to make a bold new beginning at the Bauhaus. And they came from all over, including other parts of Europe. Only a few had financial backing of any kind, but each was equipped with ample courage and ambition, as well as the obligatory portfolio of work under his arm: all of them were hoping to study in Weimar. ¶ As well as teaching the basic theory of design and form, Swiss painter Johannes Itten laid the foundation for synergetic training; its promotion of sensual, spiritual, and intellectual abilities reflected an under-

Abb. 1: **Paul Klee,
Idee und Struktur des Bauhauses, 1922**

Fig. 1: **Paul Klee:**
Idea and structure of the Bauhaus, 1922

27

und Formenlehre hinaus legte der Schweizer Maler Johannes Itten das Fundament für eine synergetische Ausbildung, die in der Förderung von sinnlichen, seelischen und intellektuellen Fähigkeiten den Menschen als spirituelle sowie als körperliche Entität begreift. Dieser für alle Neuankömmlinge obligatorische Vorkurs zur Freilegung und Ausrichtung der Sinne und Begabungen war gleichsam das Entrée zu einer der Werkstätten, deren Wahl nun klarer aufscheinen sollte. Ob Möbel-, Metall- oder Druckwerkstatt, die Wandmalerei oder die 1920 am Dornburger Schloss eingerichtete Exklave der Bauhaus-Töpferei, später die Bühne, die Architektur- und Ausbauwerkstatt oder die Fotografie – die Wahl stand bei behutsamer Anleitung durch die Meister jedem frei. Für die weiblichen Studierenden allerdings war bei aller Liberalität der Schule mit wenigen

JEANNINE FIEDLER

Ausnahmen nur der Eintritt in die Webereiwerkstatt unter ihrer künftigen Leiterin Gunta Stölzl möglich; ein von Gropius mit beharrlicher Konsequenz gesteuerter und letztlich unter der Hand festgelegter Verstoß gegen die eigene Philosophie von Toleranz und Gleichberechtigung. ¶ Der Konflikt um die persische Mazdaznan-Lehre, die Meister Itten mit einer wachsenden Schar von Anhängern an der Schule eingeführt hatte, sowie die Ablehnung der offensiven Auftragspolitik, mit der Gropius gegen Ittens esoterischen Zirkel die Institution nach außen hin zu öffnen suchte, hatten das Bauhaus 1921 in zwei Lager gespalten. Hier stand Itten als Vertreter mystizistischen Gedankengutes und eines romantischen Expressionismus und dort Gropius – begeistert vom Fortschritt, der neue Technologien und Innovationen mit sich brachte. Diese Spaltung spiegelte gleichsam den Riss, der zu Beginn des Technikjahrhunderts durch die gesamte Gesellschaft ging: der neue Mensch im Kontext moderner Urbanität auf der einen Seite; auf der anderen der Einfluss von Religionslehren, die Wandervogelbewegung, Vegetarismus, Pazifismus, Theosophismus und so fort. Gropius konnte den Konflikt für sich entscheiden. Itten verließ 1922 die Schule und kehrte zurück in die Schweiz. ¶ Mit dem ungarischen Konstruktivisten László Moholy-Nagy, einem »Künstler-Ingenieur« von ungewöhnlicher Lehrbegabung, der Ittens Vorkurs übernahm, bis Josef Albers

standing of the human being as a spiritual and physical entity. This obligatory preparatory course for new arrivals aimed to disclose and channel their sensibilities and talents, and having made students aware of the most suitable option, it gave them the entrance ticket— so to speak—to one of the workshops: the furniture, metal or printing workshop; the studio of mural painting; or the Bauhaus pottery, an enclave set up at Dornburg Castle in 1920. Later on, additional possibilities included the stage, architecture and interior design workshops, or photography—everyone had a free choice, following circumspect advice from the masters. Despite the school's great liberalism, however, with few exceptions entry to the weaving workshop under its future director Gunta Stölzl was the only option open to female students; a violation of his own philosophy of tolerance and equal rights, and ulti-

Abb. 2: **Walter Gropius, 1928, vor seinem Entwurf zum Tribune Tower von 1922**

Fig. 2: Walter Gropius, 1928. In the background is his design for the Tribune Tower, 1922

mately an underhanded decision, which Gropius enforced with obstinate consistency. ¶ The Bauhaus split into two camps in 1921 due to conflict over the Persian Mazdaznan teaching, which Master Itten and a growing crowd of adherents had introduced to the school, as well as Itten's rejection of the offensive contract policy with which Gropius was attempting to open the institution to the outside world by contrast to Itten's esoteric circle. Itten represented mystic thought and a romantic expressionism, while at the other extreme Gropius was passionate about progress, which came hand in hand with new technologies and innovations. This split reflected the rift running through the whole of society at the beginning of the technological century: New Man in the context of modern urbanity on the one hand, and the influence of religious theses, the **Wandervogel** movement, vegetarianism, pacifism, theosophies, etc., on the other. Gropius decided the conflict in his favour and Itten left the school in 1922, returning to Switzerland. ¶ Gropius then made another clever move, concretising the trend against art and painting and towards technology and industry by appointing the Hungarian Constructivist László Moholy-Nagy, an »artist-engineer« with a rare teaching talent, to take over Itten's preparatory course. Josef Albers further perfected this training after Moholy left in 1928. Under public pressure to finally present solid results, Gropius and the council of

den Unterricht nach Moholys Fortgang im Jahr 1928 weiter
vervollkommnete, gelang Gropius erneut ein kluger Schach-
zug, indem er den Trend gegen die Kunst und Malerei für die
Technik und Industrie versachlichte. Unter dem Druck, der
Öffentlichkeit endlich solide Arbeitsergebnisse präsentieren
zu wollen, entschloss sich Gropius gemeinsam mit dem Rat
der Meister zu der international beachteten Leistungsschau
des Bauhauses, seiner Werkstätten und Hervorbringungen.
Mit der zeitgleich ausgerufenen Maxime »Kunst und Technik
– eine neue Einheit!« bereitete er im Jahr 1923 seinem Bauhaus den Weg, sich als Labor für modernes Industriedesign
zu etablieren. Doch auch nach dieser Anerkennung war die
Institution für die thüringische Reaktion Anathema. Kürzun-

gen des Schulhaushaltes gipfelten 1924 schließlich in der
vorzeitigen Kündigung der Meisterverträge
durch die Konservativen, die nun mächtig
gegen das »Bollwerk linker Kräfte« aushol-
ten, wie es von der reaktionären Weimarer
Presse gescholten wurde. Das Schicksal
des Bauhauses in Weimar war trotz vehe-
menter Proteste durch bekannte Architekten, Künstler und der vonseiten der Industrie angebotenen Hilfestellung besiegelt.
Dessau erhielt unter anderen Stadtbewer-

bern den Zuschlag zur Übernahme der Institution. Das anhalti-
sche Zentrum des mitteldeutschen Braunkohlereviers stellte sogar Gelder für einen Schulneubau bereit. ¶ Mit der Aufgabe, ein
Gebäude für das Bauhaus zu errichten, an der alle Bauhäusler
und sämtliche Werkstätten teilhatten, war eine praktische Anwendung vorgegeben, welche die Programmatik, ja die Atmo-
sphäre am neuen Standort Dessau wesentlich beeinflusste.
Noch immer war die Schule geprägt von einem Geist der Unab-
hängigkeit, aber die ersten gemeinschaftlichen Bauvorhaben von
Meisterhäusern oder Siedlungsbauten verlangten nach Struktu-
ren und der Entwicklung von Standards. Als Konsequenz der berühmten Maxime, die Gropius zur Ausstellung 1923 formuliert
hatte, beherrschten technische Fragen und die Gestaltung von
Gebrauchsgegenständen die Arbeit am Dessauer Neubau und
seiner Inneneinrichtung. Prinzipien der rationellen Organisation,
Prototypen für die Industrie, Ingenieursästhetik und das Denken
in lebensnahen, preiswerten, aber dennoch qualitätvollen Kategorien für eine Massenproduktion hatten das Schwärmerische
der Weimarer »Romantik« vollends verdrängt. Im Akt der Hin-

masters decided to organise an internationally acclaimed show of the Bauhaus' achievements, highlighting its workshops and products. Along with the simultaneously proclaimed maxim »art and technology—a new unity!« in 1923, Gropius thus prepared the way for his Bauhaus to establish itself as a laboratory of modern design. Even after this recognition, however, the institution was anathema to the reactionary forces in Thuringia. Cuts in the school budget finally culminated in the early termination (in 1924) of the masters' contracts by the conservatives. They now adopted a firm position against the »bastion of left-wing forces« as the Bauhaus was berated by the reactionary press of Weimar. The fate of the Bauhaus in Weimar was sealed, despite vehement protests by well-known architects and artists, and offers of help from industry. Dessau was chosen from among several cities applying to take over the institution. The heart of central Germany's brown coal region in Anhalt even provided funds for a new school building. ¶ The task of constructing a building for the Bauhaus, in which all the members and every workshop participated, meant a practical application, which decisively influenced the programme and even the atmosphere at the new location in Dessau. The school was still characterised

Abb. 3: **Johannes Itten in Mazdaznantracht vor seiner »Farbenkugel«, 1920**

Fig. 3: Portrait of Johannes Itten in Mazdaznan costume. In the background is his colour sphere, 1920

Abb. 4: **Besprechung der Arbeiten im Vorkurs von Josef Albers, Dessau 1928/29**

Fig. 4: Josef Albers examining works from the *Vorkurs*, Dessau 1928/29

by a spirit of independence, but the first joint building project for masters' houses or campus buildings demanded structures and the generation of standards. As a consequence of the famous maxim that Gropius had formulated for the exhibition in 1923, technical issues and the design of functional everyday objects dominated the work on the new building and its interior design in Dessau. Principles of rational organisation, prototypes for industry, engineering aesthetics, and thinking in practical and cheap but nonetheless high-quality categories for mass production completely ousted the school's Weimar »romanticism« and its impassioned approach. The act of turning to industry resulted in full acceptance of the machine. Experiments were still made in the Dessau workshops, certainly, but within the context of creative design work for industrial production. The complex, lavishly produced unique object was a thing of the past. The financial budget was as tight in Dessau as it had been in Weimar, and the new model workshops had to acquire commissions in order to win over industry for Bauhaus products. Licences for the prototypes were distributed among the institution Bauhaus, the

THE BAUHAUS. AN OVERVIEW

JEANNINE FIEDLER

wendung zur Industrie war die Akzeptanz der Maschine vollzogen. In den Dessauer Werkstätten wurde zwar weiterhin experimentiert, allerdings im Rahmen einer kreativen Entwurfsarbeit für die industrielle Produktion. Das aufwendig angefertigte Einzelstück gehörte der Vergangenheit an. Wie schon in Weimar, war auch in Dessau der Finanzhaushalt knapp bemessen und die neuen Modellwerkstätten mussten Aufträge akquirieren, um die Industrie für Bauhaus-Produkte zu gewinnen. Die Lizenzen für die Prototypen wurden unter der Institution Bauhaus, den Meistern und Entwerfern sowie der betreuenden Werkstatt aufgeteilt. ¶ Nach nur einjähriger Bauzeit wurde das Bauhausgebäude im Dezember 1926 in einem großen Festakt eingeweiht. Sämtliche Arbeits-, Lebens- und Wohneinheiten der Bauhäusler hatte

Gropius im lebendigen Organismus seiner Architektur vereinigt. Doch nach der Einweihung seiner Schule blieb Gropius keine anderthalb Jahre mehr in Dessau, um sein Bauhaus-Schiffchen weiterhin durch die Untiefen wirtschaftlicher, politischer und schulinterner Krisen zu steuern. 1928 übergab er nach neun Jahren sein Amt an den Schweizer Architektenkollegen Hannes Meyer. Die unter Meyer einsetzende Versachlichung von Gestaltungsprozessen durch ein analytisches Grundlagenstudium brachte es auf neuen Kurs. Unter anderem führte die Umstrukturierung des Lehrplans den lang herbeigerufenen Architekturunterricht mit sich. Entscheidend für den Entwurfsprozess wurden nun auch soziale und wissenschaftliche Kriterien. Neueste Forschungserkenntnisse wurden systematisiert und in die Arbeit der Werkstätten integriert. Aber Unschuld und Freude am Entdecken waren auf diesem Wege verloren gegangen. Das Bauhaus war »erwachsen« geworden. Vor dem Hintergrund der von wirtschaftlicher Destabilität geprägten Weimarer Republik wurden unter der Leitung des sozial engagierten Bauhaus-Direktors

Meyer erstmals parteipolitische Aktivitäten geduldet, was letztlich zur Entlassung des unbequemen Schweizers aus den Diensten der Stadt führte. ¶ Auf Vermittlung von Gropius trat ab Herbst 1930 der Architekt Ludwig Mies van der Rohe das dritte und letzte Direktorat an. Mies versuchte mit einer betont unpolitischen Amtsführung die Schule zu neutralisieren. Meyers »Proletarisierung des Bauhauses« durch Orientierung an sozialistischen Parametern

masters, the designers, and the supervising workshop. ¶ After only a year's construction work, the Bauhaus building was inaugurated at a major ceremony in December 1926. Gropius had brought together all the working and residential units of the Bauhaus members in the living organism of his architecture. But less than eighteen months after the dedication of the school in Dessau, Gropius abandoned the attempt to navigate his little ship Bauhaus through the murky waters of economic, political, and internal crisis. In 1928, after nine years, he passed on the directorship to his Swiss architect colleague Hannes Meyer. The objectifying of design processes via an analytical study of fundamentals began under Meyer and set the institution on a fresh course. Among other things, a restructuring of the teaching plan culminated in the architectural training that had been

Abb. 5: **Herbert Bayer:**
Entwurf für ein Plakat, 1923

Fig. 5: Herbert Bayer:
design for a poster, 1923

awaited for so long. Social and scientific criteria became equally decisive for the design process. The latest insights of research were systemised and integrated into the efforts of the workshops. But innocence and pleasure in discovery got lost somewhere along the way: the Bauhaus had »grown up«. Before the background of the Weimar Republic, characterised as it was by a lack of economic stability, party-political activities were tolerated for the first time under the direction of the socially committed Bauhaus director Meyer. Ultimately, this led to the bothersome Swiss being fired from the city's employment. ¶ Following Gropius's mediation, architect Ludwig Mies van der Rohe became the school's third and final director from autumn 1930. Mies attempted to »neutralise« the school with an emphatically non-political style of office. Meyer's »proletarianising of the Bauhaus« through orientation on socialist parameters and current theories of science was revoked and the institution was »ennobled« academically by Mies, an architect of the old school. Not only political constrictions, but also his personal convictions made Mies reform the Bauhaus into a school of architecture with a stringent teaching plan. But even this did not help. In October 1932, the National Socialists, who now formed the majority of the city council in Dessau, closed down the school in the presence of the director. The hated »cultural Bolshevist flagship« Bauhaus was obliged to search for a third and final location after Weimar and Dessau. In a shutdown telephone factory in Berlin, Mies continued to direct the Bauhaus as a pri-

Abb. 6: **Porträt Hannes Meyer, 1924**

Fig. 6: Portrait of Hannes Meyer, 1924

und aktuellen Wissenschaftstheorien wurde von Mies, dem Baumeister alter Schule, zurückgenommen und die Institution im akademischen Sinne »veredelt«. Nicht nur aus politischen Zwängen, sondern aus eigener Überzeugung heraus formte Mies das Bauhaus zu einer Architektenschule mit stringentem Unterrichtsplan um. Zum Oktober 1932 schlossen die Nationalsozialisten, inzwischen in der Mehrheit des Dessauer Stadtrates, die Schule in Anwesenheit des Direktors. Das verhasste »kulturbolschewistische Flaggschiff« Bauhaus musste sich nach Weimar und Dessau einen dritten und letzten Spielort suchen. In einer stillgelegten Berliner Telefonfabrik führte Mies das Bauhaus als Privatinstitut mit einer Hand-

voll von Meistern (Kandinsky, Albers, Hilberseimer, Peterhans und anderen) und 114 Studierenden weiter bis ins Frühjahr 1933. Im Juli wurde die Schule bei wachsendem Druck durch die Nazis mit Beschluss des Lehrkörpers aufgelöst. Der Bauhaus-Gedanke jedoch, die mutigen Entwürfe für ein entschlackteres Leben und für eine radikal von allem überflüssigen Dekorum bereinigte Umwelt wurden nach Schließung der Schule durch die Energie der Bauhäusler in alle Welt getragen. Mies hat diesen Vorgang später pointiert zusammengefasst, indem er erklärte, nur eine Idee besäße die Kraft, sich auf der ganzen Welt zu verbreiten. ¶ Die Internationalität des Studiums, das »Weitgereiste« vieler Studierender am Bauhaus war nicht unüblich im Aufbruch der reformbereiten, weltoffenen 1920er Jahre, in denen junge Menschen auch fern der Heimat die bestmögliche Ausbildung bei renommierten Künstlern und Gestaltern suchten. Der Bauhäusler Kurt Kranz beschrieb die Situation an der Schule als »Öffnung zur Welt des internationalen Geschehens«, denn »provinzielle Beschaulichkeit war am Bauhaus unerwünscht. Die Liste des Lehrkörpers und der Studentenschaft – von denen es ungefähr 120 pro Semester gab – weist mehr als ein Drittel Ausländer auf: Amerikaner, Dänen, Holländer, Jugoslawen, Rumänen, Russen, Schweden, Tschechen, Ungarn – um nur einige Nationalitäten zu nennen. Die tägliche enge Berührung durch das Lehrer-Schüler-Verhältnis von 1:15 setzte weitere Lernprozesse in Gang, sodass das Studium in ständige Spannung eingebettet war.« Am Bauhaus lehrte im Laufe seines Bestehens mit Wassily Kandinsky,

vate institute with a handful of masters (including Kandinsky, Albers, Hilberseimer, and Peterhans) and 114 students into the spring of 1933. In July, under growing pressure from the Nazis, the school was dissolved upon the decision of the teaching body. But after the closure of the school, the Bauhaus idea—its bold designs for a more streamlined life and an environment radically freed from all superfluous décor—was disseminated all over the world due to the energy of the Bauhaus members. Later, Mies summed up this process in a pointed fashion when he declared that only an idea had the power to broadcast itself worldwide. ¶ The international quality of the study course and the »far-travelled« experience of many students at the Bauhaus were not unusual during the spirit of departure in the nineteen-twenties. It was an era open to the world and ready for reform; young people were also seeking the best possible education under recognised artists and designers, far away from their homes. Bauhaus member Kurt Kranz described the situation at the school as »open to the world of international events«, as there was no place for »provincial tranquillity at the Bauhaus. The list of the teaching body and students—of which there were about 120 per semester—included more than a third foreigners: Americans, Danes, Dutch, Yugoslavs, Rumanians, Russians, Swedes, Czechs, Hungarians—to name but a few nationalities. The close daily contact ensuing from a teacher pupil ratio of 1:15 triggered additional learning processes, so that the study course was embedded in an atmosphere of continual excitement.« The avant-garde of classical modernism in art, architecture, and design taught at the Bauhaus during the course of its existence, including Wassily Kandinsky, Paul Klee, Lyonel Feininger, Johannes Itten, Oskar Schlemmer, László Moholy-Nagy, Josef Albers, Hannes Meyer, Mies van der Rohe, Marcel Breuer, Herbert Bayer, Gunta Stölzl, and Walter Peterhans. ¶ The philosophy of the Bauhaus and its pure rhizome principle remained and remains alive at most art institutes today, although the school, which celebrated its ninetieth birthday in 2009, only existed for the brief period of fourteen years. The radical political changes of the early nineteen-thirties, heralding the Second World War, contributed to the fact that many Bauhaus graduates and the majority of its prominent

Abb. 7: **Porträt Ludwig Mies van der Rohe, 1933**

Fig. 7: Portrait of Ludwig Mies van der Rohe, 1933

Paul Klee, Lyonel Feininger, Johannes Itten, Oskar Schlemmer, László Moholy-Nagy, Josef Albers, Hannes Meyer, Mies van der Rohe, Marcel Breuer, Herbert Bayer, Gunta Stölzl und Walter Peterhans die Avantgarde von Kunst, Architektur und Design der klassischen Moderne. ¶ Bis in unsere Gegenwart ist durch das reine Rhizom-Prinzip die Philosophie des Bauhauses an den meisten Kunstinstituten lebendig geblieben, obwohl die Schule, die 2009 ihren neunzigsten Geburtstag beging, nur über die kurze Zeitspanne von 14 Jahren existierte. Die politischen Umbrüche der frühen 1930er Jahre haben als Vorboten des Zweiten Weltkrieges dazu beigetragen, dass viele Bauhaus-Absolventen und die Mehrzahl unter den prominenten Meistern und Studenten emigrieren wollten oder wegen ihrer jüdischen Herkunft das nationalsozialistische Deutschland so rasch wie möglich verlassen mussten. Die vom sozialistischen Aufbruch der jungen Sowjetrepublik Begeisterten suchten hier nach Bau- und Gestaltungsaufgaben. Tel Aviv beispielsweise wird auch heute noch als »Bauhaus-Stadt« bezeichnet, da ihre, das innere Stadtbild prägende Architektur aus den 1930er Jahren wesentlich von am Bauhaus ausgebildeten Architekten geschaffen wurde. Daneben bot »De Nieuwe Kunstschool« in Amsterdam etlichen Bauhäuslern ein neues Aufgabenfeld. Viele andere fanden den Weg ins amerikanische Exil über Frankreich und England, um in den Vereinigten Staaten als Lehrer am New Bauhaus in Chicago, am Black Mountain College in North Carolina, in Harvard und am MIT in Cambridge, Massachussetts oder an anderen Schulen den Geist des Bauhauses und dessen pädagogische Haltung zu verbreiten.

Literatur
| Neumann, Eckhard (Hg.): *Bauhaus und Bauhäusler. Erinnerungen und Bekenntnisse.* Köln 1996 (5. Auflage), S. 343

masters and pupils either wanted to emigrate or were compelled to leave Nazi Germany as quickly as possible due to their Jewish origins. Those inspired by the socialist innovations of the young Soviet Republic looked for construction and design tasks there. Tel Aviv is still known as a »Bauhaus city« today, for its architecture—or at least what shaped the image of the inner city in the nineteen-thirties—was created to a great extent by architects trained at the Bauhaus. In addition, »De Nieuwe Kunstschool« in Amsterdam offered several former Bauhaus members a new field of activity. Many others made their way into American exile via France and England, disseminating the spirit of the Bauhaus and its pedagogic approaches as teachers at the New Bauhaus in Chicago, at Black Mountain College in North Carolina, at Harvard and at the MIT in Cambridge, Massachusetts, or other schools.

Reference
| **Neumann, Eckhard (ed.):** *Bauhaus und Bauhäusler. Erinnerungen und Bekenntnisse.* Cologne 1996 (5th edition), p. 343

Denkbilder unter Einfluss – das Bauhaus und die Versprechen des Amerikanismus

VON KARIN WILHELM

Bilder des Amerikanismus: Faszination und kritische Distanz

Kaum ein Text, der von Architekten im frühen 20. Jahrhundert verfasst worden ist, hat die Erscheinungsformen der international wirksamen Modernisierung westlicher Prägung klarer und stilistisch angemessener zum Ausdruck gebracht als der 1926 erstmals in der Zeitschrift Das Werk veröffentlichte Artikel Die neue Welt des Bauhauslehrers Hannes Meyer:

das aerophon von theremin,
der flug lindbergh's amerika – europa,
das rotorschiff von flettner,
die nordpolfahrt der »norge«,
das zeiss-planetarium
sind einige zuletzt gemeldete etappen
der mechanisierung unserer erde
[...]
unsere Straßen durchströmen Autos:
»ford«,
»voisin«,
»fiat«,
»rolls-royce« sprengen den stadtkern und
alle grenzen von stadt und land.
im luftraum gleiten flugzeuge:
»fokker«,
»dornier«,
»junkers«,
»farman«,
vergrössern unsere bewegungsmöglichkeit
und die entfernung von der erdkruste
[...]
unsere Wohnung wird mobiler denn je und ist abklatsch
unserer beweglichkeit:
sleeping car/massen-miethaus/wohn-jacht/und das »internationale hotel« der alpen, der riviera, der oase biskra ...,
sie untergraben alle den herkömmlichen begriff der »heimat«.
das vaterland verfällt!
wir lernen esperanto!
wir werden weltbürger!
[...]
(Meyer 1926: 229)

Conceptualisations under Influence— the Bauhaus and the Promise of Americanism

BY KARIN WILHELM

Images of Americanism: Fascination and Critical Distance

There can be very few texts written by architects in the early twentieth century that highlight the manifestations of the internationally effective, western-style modernisation more clearly and in a more appropriate language than the article **The New World** by Bauhaus master Hannes Meyer, first published in the magazine **Das Werk** in 1926:

Theremin's aerophone,
lindbergh's flight from america—europe,
flettner's rotor ship,
the »norge« and its trip to the north pole,
the zeiss-planetarium
are some most recently noted stages in the
mechanisation of our world

...

our streets are flooded with cars:
»ford«,
»voisin«,
»fiat«,
»rolls-royce« explode the city centre and all
the borders between city and country.
Aeroplanes glide through aerospace:
»fokker«,
»dornier«,
»junkers«,
»farman«,
add to our chance of motion and distance from
the earth's crust

...

our homes are getting more flexible than ever,
an imitation of our mobility:
sleeping car/apartment house/living-yacht/and the
»international hotel« of the alps, the riviera, the oase biskra
..., they all undermine the traditional concept of »home«.
the vaterland is crumbling!
We're learning esperanto!
We are becoming citizens of the world!

...

(Meyer 1926: 229)

Im atemlosen Stakkato einer Sprache, die sich an der Schnitt- und Montagetechnik des Films orientiert und die Alfred Döblin drei Jahre später in seinem Roman Berlin Alexanderplatz in Literatur verwandeln wird, erzählt der Schweizer Architekt Hannes Meyer vom rasanten, städtischen Lebensrhythmus des modernen Menschen. Unübersehbar vom Wunsch durchdrungen, den »maschinen-rollenden« Zeitgeist formal einzufangen und die Dynamik der neuen großstädtischen Welt im Schriftbild zu übermitteln, adaptiert Meyer für einige Passagen jene Manier der freien, gebrochenen Versschrift, mit der der unbestrittene Star der sowjetischen Poesie, Wladimir Majakowski, soeben die westeuropäischen Künstler und Intellektuellen in seinen Bann gezogen hat. Zwei Jahre später, 1928, veröffentlicht Meyer, der inzwischen die Funktion des Bauhausdirektors in Dessau einnimmt, eine erweiterte, zweite Fassung jenes Artikels, der den Rationalisierungsduktus der dichten Beschreibung jetzt auch in der den Bauhausveröffentlichungen eigentümlichen Kleinschreibung vor Augen führt. Noch einmal feiert Meyer die neuen technischen Erfindungen im Reich der Kommunikation, die sich anschicken, die Welt und ihre Bürger mit Weltläufigkeit anzufüllen, mithin Lebensformen freizusetzen, die sich mit ihrer Verbreitung überall auf der Welt anzugleichen scheinen. Meyers Text fokussiert diese neue, pulsierende, moderne Lebenswelt des 20. Jahrhunderts auf die Durchsetzung naturwissenschaftlich-technischer Innovationen, deren Natur es ist, nationalstaatliche Grenzen mithilfe des Weltmarktes zu überschreiten und damit zu international gebräuchlichen Standards zu werden. ¶ Neugierig blickt der Schweizer Architekt jetzt auf die damit verbundenen kulturellen und mentalen Transformationen, die er als Veränderung des Zeitbewusstseins, als räumliche Annäherung einst getrennter Kontinente wie Amerika und Europa beschreibt und in nomadisch-flüchtigen Lebensstilen erkennt, die das virulent gewordene Problemfeld der Stadt-Land-Dichotomie neu ordnen, kurz, Hannes Meyer schildert die Folgen der Industrialisierung des 19. Jahrhunderts als Revolutionierung der tradierten Lebensverhältnisse im 20. Jahrhundert. Zweifellos ist Meyer von diesen Lebensverhältnissen fasziniert, eröffnen sie doch den Blick auf eine vom Subsistenzdruck befreite Weltgesellschaft, die sein rebellisches Herz ersehnt. Zur Feier des Serienprodukts schlägt Meyer den hohen Ton der sozialen Gleichheit an, er spricht von angeglichenen Bedürfnissen, vom Tod der Vergangenheit mit ihrer Individualkunst, vom Tod der Seele und des Gemüts. Noch spricht der bekennende Kommunist über die Internationalisierung der Lebensformen

Using the breathless staccato of a language oriented on the editing and montage techniques of film, which Alfred Döblin was to transform into literature three years later in his novel **Berlin Alexanderplatz**, the Swiss architect Hannes Meyer tells of the modern human being's rapid urban-life rhythm. Unmistakeably infused with the desire to capture formally the »machine-rolling« **zeitgeist** and convey the dynamics of the new big-city world in the layout of his words, in some passages Meyer adapts the kind of free, broken verse writing with which the undisputed star of Soviet poetry, Vladimir Mayakovsky, had recently captivated western European artists and intellectuals. Two years later, in 1928, Meyer—who had taken over the function of the Bauhaus director in Dessau in the meantime—wrote an extended, second version of that article, which made obvious the rationalising flow of the compact narrative by avoiding capital letters in the manner characteristic of Bauhaus publications. Once again, Meyer celebrates the new technical inventions in the world of communication, which are beginning to fill the world and its citizens with a sense of mundanity, even yielding lifestyles that seem to be becoming aligned due to their dissemination worldwide. Meyer's text focuses this new, pulsing, modern world of the twentieth century on the implementation of natural scientific and technical innovations, the nature of which is to cross national state borders with the aid of the world market and so develop into internationally accepted standards. ¶ The Swiss architect now looks with curiosity at connected cultural and intellectual transformations, which he describes as a change in the consciousness of time, as the spatial approach of once separated continents like America and Europe. He discerns this in nomadic-fleeting lifestyles, which provided new order in the problematic field of a virulent urban-rural dichotomy; in short, Hannes Meyer describes the consequences of nineteenth century industrialisation as the revolutionising of traditional living conditions in the twentieth century. There is no doubt Meyer is fascinated by these living conditions, since they open up the perspective of a world society liberated from the pressure of subsistence—something for which his rebel heart longs. In celebration of the serial product, Meyer adopts the high tone of social equality; he talks of aligned needs, of the death of the past with its individual art, the death of the soul and emotions. The confessed communist still refers to the internationalisation of lifestyles using the customary jargon of the artist avant-gardes, and he still shares his emphatic enthusiasm for technology with the Futurists, still

im gängigen Jargon der Künstleravantgarden, noch teilt er die emphatische Technikbegeisterung mit den Futuristen und denkt in Kategorien der habituellen Entrümpelung durch die klassenübergreifenden Stilmittel der standardisierten Architektur und Gebrauchsgegenstände. Nur zwei Jahre später, also nach seinem Hinauswurf aus dem Bauhaus, wird der wissenschaftliche Marxist – so Meyer über sich selbst – am Esperanto der nationenübergreifenden Konsumkultur keinen Gefallen mehr finden. Fortan sucht Meyer nach dem proletarischen savoir vivre und einer, wie er schreibt, marxistischen Architektur. In einem Interview mit der Tschechischen Zeitschrift Leva Fronta erkennt er im Internationalismus der Lebensstile nur noch das Privileg: »Der Kapitalismus hat den Wohntypus seines kollektivierten Haushaltes längst in Reinkultur entwickelt als Luxus-Wohnhotel der City, der Riviera, der Alpen. Dort haust die Auslese seiner parasitären Gesellschaft je nach Jahreszeit, Laune und Mode.« (ebd.: 236) ¶ Und im Jargon der naiv bewunderten Partei Lenins führt er aus: »Was soll die Kunst inmitten einer absterbenden Gesellschaft, [...] Was soll die Kunst im Städtebau der kapitalistischen City, [...]? Was soll die Kunst in der Mietwohnung des Kopf- oder Handarbeiters, [...] Die Arbeitermassen kämpfen um Brot und Wohnung, während die bürgerliche Kunst zum Privileg einer dünnen Oberschicht geworden ist, deren Entartungsprozess sich in ihren Künsteleien widerspiegelt.« (Meyer 1932: 236) Zu diesen Künsteleien zählt Hannes Meyer inzwischen die Internationale Architektur, die Walter Gropius eindrücklich 1925 in der gleichnamigen Bauhauspublikation als architektonische Angemessenheitsformel der Völkergemeinschaft und Völkerfreundschaft vorgestellt hatte. Immerhin präsentierte Gropius die zweite Auflage des Buches unter Verwendung des sachlich konstruktiven Entwurfs, den Meyer und Hans Wittwer für den viel beachteten Wettbewerb zum Völkerbundpalast in Genf 1927 entwickelt hatten, gleichsam ein Bekenntnis, das die modernen, international orientierten Architekten der Weimarer Republik zum Weltfriedensgedanken abgelegt haben. ¶ Für Meyer, der seit 1930 in der Sowjetunion arbeitet, ist dieser ästhetische Internationalismus nur noch ein »Traum aus Glas, Beton und Stahl«,

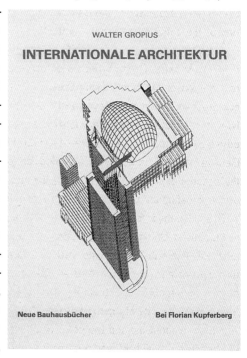

WALTER GROPIUS

INTERNATIONALE ARCHITEKTUR

Neue Bauhausbücher   Bei Florian Kupferberg

thinking in categories of habitual »clearing out« through the class-connecting stylistic means of standardised architecture and functional objects. Only two years later, i.e., after he has been thrown out of the Bauhaus, the scientific Marxist—to use Meyer's own description of himself—will no longer find pleasure in the Esperanto of cross-national consumer culture. From then onward, Meyer sought a proletarian **savoir vivre** and architecture that he called Marxist. In a later interview with the Czech magazine **Leva Fronta,** he was only able to recognise privilege in the internationalism of lifestyles: »Capitalism long ago developed the residential type of its collectivised household as the luxury residential hotel of the city, the Riviera, or the Alps. There, the elite of its parasitical society dwells according to the time of year, mood, and fashion.« (ibid.: 236) ¶ And he goes on to elaborate in the jargon of Lenin's party that he admired so naively: »What is the point of art in the midst of a dying society, ... What is the point of art in the urban development of the capitalist city, ...? What is the point of art in the rented apartment of the white-collar or manual worker, ... The working masses struggle for bread and a roof over their heads, while bourgeois art has become the privilege of a scanty upper class, its decadent process reflected in its artificialities.« (Meyer 1932: 236) In the meantime, Hannes Meyer had come to view International Architecture as one of those artificialities, though Walter Gropius had

presented it expressly, in the Bauhaus publication of the same name, as the suitable architectonic formula of the community of nations in 1925. At least, Gropius presented the second edition of the book, using the objective constructive design that Meyer and Hans Wittwer had developed, for the widely acknowledged competition for the Palace of Nations in Geneva in 1927. This was quasi a confession to the concept of world peace made by the modern, internationally oriented architects of the Weimar Republic. ¶ For Meyer, who worked in the Soviet Union from 1930 onwards, this aesthetic internationalism was then no more than a »dream in glass, concrete and steel«, a dream of »snobbist ... building aesthetes« (ibid.) in the service of the major trusts. An environment without art and the concept of anti-aestheticising, which Meyer regarded as pro-

Abb. 1: **Buchumschlag: Walter Gropius,** *Internationale Architektur,* **Neue Bauhaus Bücher, 1981, Orig. 1926, mit einem Entwurf zum Völkerbundpalast von Hannes Meyer**

Fig. 1: Book cover: Walter Gropius, *Internationale Architektur* (International Architecture), *Neue Bauhaus Bücher,* 1981, orig. 1926 with a design for the Palace of the League of Nations by Hannes Meyer

ein Traum »snobistischer [...] Bauästheten« (ebd.) im Dienste der großen Trusts. Die kunstlose Umwelt und das Konzept der Antiästhetisierung, die Meyer 1932 für proletarisch hält, negieren das Credo der Bauhausarbeit unter Walter Gropius und brechen endgültig mit dem Leitbild der modernen Avantgarden, die die Kunst als Teil des alltäglichen Lebens aus ihrem Dornröschenschlaf des l'art pour l'art erlösend wachzuküssen meinten. Der durch Gropius am Bauhaus eingeleitete Versuch, Häuser, Gebrauchsgegenstände und selbst Kunstwerke für Industriearbeiter und Angestellte in aller Welt zu entwickeln – und mit »Welt« meinte Gropius jene, die er die zivilisierte Welt nannte, also die technisch aufgerüstete – erscheint dem leninistisch formierten Blick des Sowjetarchitekten Hannes Meyer ab 1930 nur noch als Betrugsverfahren kapitalistischer Charaktermasken.

Dialektik des Fordismus: Wohlstandsversprechen

Von heute aus gesehen müssen wir feststellen, dass es zur Ironiegeschichte des Bauhauses gehört, dass just der gesellschaftspolitisch Ambitionierteste unter den drei Bauhausdirektoren die Attraktivität eines Lebensstilkonzeptes verkannt hat, das von Gleichheitsstandards, von Bequemlichkeit im Privatleben und der Geschlechteremanzipation durchdrungen war. Meyers Argumentation deckt sich darin mit Positionen der vulgärmarxistisch geschulten deutschen Arbeiterbewegung, die gleichfalls die Wirkungsmacht des Fetischcharakters der Ware auf die kulturelle Mentalitätsbildung der Menschen unterschätzte, obwohl Karl Marx dessen machtvoll mysteriöse Ausstrahlung doch in seiner Kapitalanalyse so feinsinnig analysiert hatte. Ein Stückeschreiber hat uns später über die fatalen Folgen dieser Fehleinschätzung belehrt. ¶ Wir erinnern uns: In den Flüchtlingsgesprächen lässt Bertolt Brecht im Bahnhofsrestaurant von Helsingfors zwei Emigranten aufeinandertreffen, der eine Kopf-, der andere Handarbeiter, was an ihren Händen sichtbar ist. Der Kopfarbeiter Ziffel räsoniert eines Tages über die Frage, warum die deutsche Arbeiterbewegung die proletarischen Massen nicht von ihren hehren Zielen habe überzeugen können. Zum Metallarbeiter Kalle gewandt sagt er: »Ich hab mich oft gewundert, warum die linken Schriftsteller zum Aufhetzen nicht saftige Beschreibungen von den Genüssen anfertigen, die man hat, wenn man hat [...] Wissen Sie, wie man in anständigen Schuhen geht? [...] Das ist aber eine Unwissenheit, die sich rächt. Die Unwissenheit über Steaks, Schuhe und Hosen ist eine doppelte: Sie wissen nicht, wie das schmeckt, und Sie wissen nicht, wie Sie das bekommen

letarian in 1932, negate the creed of the Bauhaus work under Walter Gropius and led to a final breach with the guiding principle of the modern avantgardes. They believed that they had awakened art, as part of everyday life, from its sleeping beauty existence as **l'art pour l'art** and so redeemed it. As from 1930, the attempt introduced by Gropius at the Bauhaus to develop houses, functional objects, and even artworks for industrial workers and white-collar workers all over the world—and by »world« Gropius meant what he called the civilised world, i.e., the world that was technically equipped—appears to the Soviet architect Hannes Meyer, his view shaped by Leninism in the meantime, as no more than a process of deception realised by capitalist character masks.

The Dialectics of Fordism: the Promise of Prosperity

From today's perspective, we should note that it is part of the Bauhaus ironic history that the most ambitious of the three Bauhaus directors in sociopolitical terms was the very one who failed to recognise the attraction of a lifestyle concept permeated by standards of equality, a comfortable private life, and sexual emancipation. In this respect, Meyer's argumentation concurs with positions of the German workers' movement schooled in vulgar Marxism, which also underestimated the powerful influence of the fetish character of consumer goods on the formation of people's cultural mentality, although Karl Marx had analysed its powerful, mysterious aura with such sensitivity in his study of capital. It was a dramatist who later taught us about the fatal consequences of this mistaken evaluation. ¶ As a reminder—in his **Refugee Conversations** Bertolt Brecht has two emigrants meet in the station restaurant of Helsingfors; one is a manual worker, the other a white-collar worker, as the state of their hands reveals. One day, the white-collar worker Ziffel debates the question of why the German workers' movement has been unable to convince the proletarian masses of its noble aims. Turning to the metalworker Kalle, he says: »I have often wondered why the left-wing writers didn't rouse revolt by producing juicy descriptions of the pleasures to be had by those who have ... Do you know what it's like to walk in decent shoes? ... But that's an ignorance you'll pay for. The ignorance of steaks, shoes, and trousers is a double ignorance: you don't know what it tastes like and you don't know how to get it, but your ignorance is threefold if you don't even know that it exists.« (Brecht 1967: 1393) ¶ However, the author was misleading us somewhat here,

können, aber die Unwissenheit ist eine dreifache, wenn Sie nicht einmal wissen, dass es das gibt.« (Brecht 1967: 1393) ¶ Hier allerdings mogelte der Autor, denn die Welt wusste bereits, dass es das gab und wo es das gab; auch der Bauhausdirektor Hannes Meyer hatte den Ort der guten Schuhe und Hosen für alle als Verfechter der Internationalen Architektur schon beschrieben und ihm nicht zufällig den Namen Neue Welt gegeben. Aus dieser Neuen Welt, aus den Vereinigten Staaten von Amerika, war schon vor dem so genannten Großen Krieg die Kunde von einem Phänomen nach Europa gelangt, das in der Weimarer Republik zum Synonym einer planbaren Wohlstandsgesellschaft wurde. Die Europäer verbanden es mit dem Namen des Autokönigs Henry Ford, der mit seinem Konzept des Massenkonsums die Architekten und Gestalter im demokratischen neuen Deutschland vollends elektrisierte. ¶ Meyers Text aus den 20er Jahren ist unzweifelhaft von Bildern des amerikanischen Fordismus geprägt worden und diese Rezeption der amerikanischen Lebensstile teilte er mit Gropius, Mies van der Rohe, Le Corbusier und den anderen Architekten, die unter dem Einfluss des Fordismus das Konzept einer Internationalen Architektur (Gropius 1981) entwickelt haben. Denn im Fordismus erkannten sie die Chance, den Lebensstandard der Menschen zu heben und das zentrale Problem ihrer Zeit, den Massenwohnbau, effizient und sozial verträglich lösen zu können. ¶ Will man die Konzepte dieser Architekten verstehen und nicht nur denunzieren, so sollte man die Metaphorik von der Wohnmaschine (Le Corbusier) oder vom Wohn-Ford, ein Begriff, den Sigfried Giedion für den präfabrizierten Wohnungsbau gewählt hat, noch einmal auf der Ebene der ideellen Verheißungen reflektieren, die der Fordismus darin hinterlassen konnte. Denn der Fordismus war nicht nur ein Disziplinarkonzept, wie wir heute gerne meinen, sondern auch ein schillerndes, verlockendes Phänomen, das nicht nur liberale Bourgeois-Gemüter fasziniert hat, sondern auch linke Aktivisten, die gleichermaßen verstanden, dass der Kapitalismus damit seine Doppelnatur aus Freisetzung und neuerlicher Beschränkung auf einer neuen Stufe der Produktivität internationalisierte. Im Alltagsgeschehen waren es eben die Nachrichten aus dem Paradies der Fordfamilie und nicht die aus der Arbeitshölle am Fließband, die den mentalen Raum im Nachkriegseuropa besetzen konnten (man denke an die Analysen Siegfried Kracauers zur Massenkultur). Im Übrigen wurden sie weltweit gehört, auch und gerade, was Hannes Meyer verkannte, in der jungen Sowjetunion.

as the world already knew that it existed and indeed where it existed; Bauhaus director Hannes Meyer had already described the place with good shoes and trousers for all, as a champion of International Architecture, and it was no coincidence that he called it the New World. From this new world, from the United States of America, before the so-called Great War, news had already reached Europe of a phenomenon that became synonymous with a prosperous society to be envisaged in the Weimar Republic. The Europeans connected it with the name of the car king, Henry Ford, who completely electrified architects and designers in the new democratic Germany with his concept of mass consumerism. ¶ Meyer's text from the nineteen-twenties was undoubtedly influenced by images of American Fordism, and he shared this reception of American lifestyles with Gropius, Mies van der Rohe, Le Corbusier, and the other architects who had developed the concept of International Architecture (Gropius 1981) under the influence of Fordism. They recognised in Fordism the chance to raise people's living standards and to solve, in an efficient and socially acceptable way, the central problem of the age: the mass construction of housing. ¶ Those wishing to understand these architects' ideas rather than merely denouncing them should reflect on the metaphor of the machine for living in (Le Corbusier) or the Ford-home, a term that Sigfried Giedion chose for pre-fabricated housing construction, on the level of the ideal promises inherent in Fordism. Fordism was not only a disciplinary concept, as we like to think today, but also a scintillating, tempting phenomenon, which not only fascinated liberal bourgeois spirits, but also left-wing activists; they also understood that with it, capitalism was internationalising its double character of release and renewed limitation on a new level of productivity. In everyday events, it was news from the paradise of the Ford family rather than any from the working hell of the conveyor belt that succeeded in occupying the intellectual vacuum in post-war Europe (for example, one might consider Siegfried Kracauer's analyses of mass culture). And in addition, this news was heard worldwide, also and in particular—which Hannes Meyer failed to recognise—in the young Soviet Union.

Dialektik des Fordismus: Freizeit- und Friedensversprechen

Im Aufsatzband zum Fordismus in der Zwischenkriegszeit haben Regina Bittner und Henning Brüning auf die Prägung hingewiesen, die die Images und Illustriertenbilder Amerikas auf die europäische Avantgarde ausgeübt haben. Amerika und das amerikanische Leben zeigte sich den Europäern in »schnellen Autos, modernen Städten sowie jugendlichen und vor Gesundheit strotzenden Männern und Frauen« (Bittner; Brüning 1995: 11). Bilder dieser Art haben die Bauhausarbeit eines Gropius, Meyer und Mies van der Rohe unzweifelhaft beflügelt. Aber die Zeichenwelt des bequemen amerikanischen Lebens, die nach dem Ersten Weltkrieg über Ländergrenzen hinweg massenmedial Verbreitung fand, hat ihre Überzeugungskraft nicht allein aus der propagandistischen Betriebsamkeit der US-amerikanischen Kapitalien als Ideologeme entfalten können. Überzeugungskraft erhielt sie vielmehr durch eine dynamische Ökonomie. Immerhin hatte Ford mit der Einführung des Fließbandes gezeigt, wie die Technisierung, die Aufsplitterung und Kontrolle der Arbeitsprozesse zur Steigerung der Arbeitsproduktivität führte, die wiederum die Herstellungskosten senkte, sodass bei einem gleichzeitig gesicherten Lohnniveau die Kaufkraft der Arbeiter und Angestellten tatsächlich angehoben werden konnte. Aus dem ehemaligen Luxusartikel, wie es das Automobil zu Beginn des Jahrhunderts gewesen war, hatte sich unter Fords Betriebssystem der massenhaft verfügbare Gebrauchsartikel entwickelt, der zwar anspruchsloser als das handgefertigte Produkt war, aber ungemein attraktiv für ein Leben, dem eine neue Zeit, die Freizeit, geschenkt wurde. ¶ Begeisterte Augenzeugenberichte über den produktionstechnischen Wandel in den Fordwerken hatte man schon vor dem Ersten Weltkrieg in europäischen Gazetten lesen können, die immer wieder von bewundernswerten innerbetrieblichen Sozialleistungen berichtet hatten. Reportagen, die den amerikanischen Fordarbeiter nicht als ausgebeuteten Hungerleider, sondern als Nutznießer des Systems vorführten, fanden vor allem in der Alltagspresse Verbreitung und erreichten daher ein sozial weit gestreutes Publikum. Für diese Sicht der Dinge sorgte unter anderem das Internationale Frauenkomitee für dauernden Frieden, das 1915 den Pazifisten Henry Ford für seine Zwecke hatte gewinnen können. Neben der amerikanischen Sozialreformerin Jane Addams war es die ungarische Frauenrechtlerin und Friedensaktivistin Rosika Schwimmer, die 1916 als europäische Vertreterin der spektakulären, aber erfolglosen Ford-Friedens-Mission die Produktionsanlagen in Detroit

The Dialectics of Fordism: Promises of Leisure and Peace

In their volume of essays on Fordism in the period between the wars, Regina Bittner and Henning Brüning point out the ways in which images and magazine pictures of America influenced the European avant-garde. America and American life was revealed to Europeans in »fast cars, modern cities, and youthful men and women positively bursting with good health« (Bittner; Brüning 1995: 11). There can be no doubt that images of this type lent wings to the Bauhaus work of, e.g., Gropius, Meyer, and Mies van der Rohe. But the emblematic world of the comfortable American life that was disseminated across the borders by the mass media after the First World War was not only able to unfold its power of conviction as ideologemes from the propagandist activities of US-American capital. Far more, it was given persuasive power by a dynamic economy. After all, with the introduction of the conveyor belt, Ford had shown how increasing technology and the division and control of working processes led to an increase in labour productivity, which in turn lowered production costs so that—in conjunction with a simultaneously guaranteed wage level—it was indeed possible to increase the workers' and clerks' buying power. Under Ford's operating system, a functional article available to the masses had been developed from what had formerly been a luxury article: the car at the beginning of the century. It was more modest than the hand-made product, certainly, but incredibly attractive for the life that was opening up, including a new time: leisure time. ¶ Before the First World War, it had already been possible to read enthusiastic eye-witness reports in European newspapers about the change in production technology at the Ford works. The papers had reported repeatedly on the admirable social benefits within the company. Reportage presenting the American Ford workers not as exploited, hungry workers, but as people benefiting from the system, was disseminated especially in the daily press. As a result, the news had reached readers from a wide social spectrum. Among others, this view of things was propagated by the International Women's Committee for Enduring Peace, which the pacifist Henry Ford had won over to his purposes in 1915. Besides the American social reformer Jane Addams, this involved the Hungarian women's rights and peace activist Rosika Schwimmer, who was able to visit the production works in Detroit as the European representative of the spectacular, but failed Mission for Peace in 1916. Directly after her return from the USA, **Die Umschau, Wochenschrift über die Fortschritte in Wis-**

besuchen konnte. Unmittelbar nach ihrer Rückkehr aus den USA veröffentlichte Die Umschau, Wochenschrift über die Fortschritte in Wissenschaft und Technik ihre überschwängliche Schilderung des innerbetrieblichen Sozialprogramms, das Henry Ford im Zuge der außergewöhnlich hohen Produktionssteigerung zwischen 1904 und 1916 eingeführt hatte. Seit 1914 gab es eine Gewinnbeteilung für Angestellte sowie den von neun auf acht Stunden verkürzten Arbeitstag für Arbeiter, und nicht nur im Betrieb, sondern auch im Umfeld der Firma hatte sie die Segnungen des unternehmerischen Credos, dass »der Arbeiter nicht nur sein Auskommen finden, sondern behaglich leben können (müsse)« (Schwimmer 1917: 722) als Tatbestand erlebt. Das Ergebnis dieser Maxime belegte Schwimmer mit eindeutig verführerischen Zahlen: »Eineinhalb Jahre nach Einführung der Gewinnbeteiligung waren 11.000 Angestellte der Detroiter Werke in bessere Wohnungen übersiedelt, die Spareinlagen hatten sich um 205 Prozent erhöht, das Hauseigentum der Arbeiter um 99 Prozent. Der Hausbesitz in Händen von Ford-Angestellten von 468.230 auf 933.524 US-Dollar, die auf diese geleisteten Abzahlungen von 1.111.258 auf 2.200.100 US-Dollar.« (ebd.) Dass Ford zudem gesonderte luftgefilterte Produktionseinheiten für Lungenkranke hatte einrichten lassen, entlassene Sträflinge einstellte und resozialisierte und mit den »53 Nationalitäten und mehr als 100 Sprachen und Dialekten« (ebd.) offensichtlich ein politisch liberal geprägtes Wirtschaftsimperium leitete, die friedlich nationengemischte Ford-Familie eben, machte das Unternehmen zum Vorbild für internationale Beziehungen und seinen Entrepreneur zur Leitfigur des modernen, zukunftsorientierten Fabrikanten. Nicht allein in den Augen der gutwilligen Frauen des Bildungsbürgertums galt Ford als Held und Erfinder des »sozialen Friedens«, dem der Nachweis gelungen war, dass »sich [...] das Verhältnis zwischen Arbeitgeber und -nehmer, zwischen Produzent und Konsument, der Ausgleich zwischen Stadt und Land, zwischen Farm und Fabrik revolutionieren lässt ohne Revolution, ohne Gewalttätigkeit, ohne Unzufriedenheit eines Teiles, ohne Bevorteilung des anderen.« (ebd.: 720) Die Idee, dass eine nach fordistischem Verteilungsmuster geregelte Weltökonomie mithin den Weltfrieden würde sichern können, erschien dieser Sicht der Dinge unbedingt plausibel. Die Unterstützung von 200.000 Dollar, die Henry Ford der von Addams und Schwimmer geleiteten Friedensinitiative zugesagt haben soll, mag dazu beigetragen haben, dass der amerikanische Millionär fortan zur Leitfigur ihres internationalen Pazifismus avancierte. Die ungarische Jüdin

senschaft und Technik published her effusive description of the company's own social programme, which Henry Ford had introduced in the course of an extraordinarily high increase in production between 1904 and 1916. From 1914 white-collar workers received a share in the profits, and there was a shortened working day, from nine to eight hours, for the labourers. Not only in the business, but also in the environment of the company, she had experienced as solid fact the blessings of the company creed that »the worker not only needs to make a living, but also to be able to live comfortably« (Schwimmer 1917: 722). Schwimmer evidences the result of this maxim using clearly deluding statistics: »A year and a half after the introduction of profit-sharing, 11,000 white-collar workers at the Detroit works had moved into better apartments, their savings had increased by 205 per cent, and house-owning among the workers had increased by 99 per cent. House ownership in the hands of Ford's white-collar workers rose from 468,230 to 933,524 US-Dollars, and the mortgage payments made on this from 1,111,258 to 2,200,100 US-Dollars.« (ibid.) The fact that Ford had also set up separate production units with filtered air for those with lung disease, employed ex-convicts, and obviously headed an economic empire of liberal character with its »53 nationalities and more than 100 languages and dialects« (ibid.), i.e., the peaceful, nationally mixed Ford family, made the concern into a role model for international relations and its entrepreneur into a figurehead of the modern, future-oriented factory owner. Not only in the eyes of the well-meaning women of the educated bourgeoisie was Ford seen as the hero and inventor of »social peace«, who had succeeded in proving that »it is possible to revolutionise ... the relations between employer and employee, between producer and consumer, the balance between city and country, between farm and factory, without a revolution, without violence, without the dissatisfaction of one group, without unfair advantages for the other.« (ibid.: 720) From this perspective, the idea appeared quite plausible that a world economy organised according to the Fordist distribution pattern would even assure world peace. The 200,000-dollar donation, which Ford is said to have promised to the peace initiative headed by Addams and Schwimmer, may have contributed to the fact that from then on, the American millionaire advanced into a leading figure of their international pacifism. The Hungarian Jew Rosika Schwimmer, certainly, regarded the superficiality of the statistics as the reflection of a prospering modern society, for which the convinced anti-Semite

Rosika Schwimmer jedenfalls hielt die Oberfläche der Zahlenreihen für das Spiegelbild einer prosperierenden modernen Gesellschaft, für die der überzeugte Antisemit Henry Ford in einem der meist gelesenen Bücher der Zwischenkriegszeit später außerordentlich erfolgreich werben konnte (Ford 1923). Fasziniert vom Bild des industriellen Emanzipations- und Gleichheitsmodells blieb die Friedensaktivistin unkritisch und blind für die Doppelnatur eines Betriebsfriedens, in dem eine »Fabrikpolizei«, wie Ford betont hatte, überflüssig sei »denn jeder Angestellte ist ein Polizist, der – auf sich selbst acht gibt« (ebd.: 723). In den Augen der Europäerin erfüllte dieser Sachverhalt die moralische Qualität des kategorischen Imperativs, denn dieser Betriebsfrieden basierte so gesehen auf der freiwillig geleisteten Selbstdisziplin. Der Motor dieser Selbstkontrolle, die allein durch ein fein verknüpftes Disziplinierungsnetz motiviert werden konnte, blieb diesen Blicken verborgen. ¶ Der sachliche Gehalt und der Erfolg der fordistischen Produktionsweise basierten aber auf der straffen Arbeitsorganisation, die den Körper der Arbeiter der Bewegung der Maschine, also dem Fließband, unterordnete.[1] In den sogenannten Educational Departments, die Schwimmer als soziologische Departments bezeichnete, wurde zudem die Betriebsintegration geschult, denn vor allem die ausländischen Arbeiter hatten sich einem streng reglementierten Bildungs- und Sozialisierungsprogramm zu unterziehen. Der dazugehörige pazifistische Internationalismus argumentierte folgerichtig mit dem Anforderungsprofil der wirtschaftlichen Effizienz und instrumentellen Vernunft. »Wir müssen erkennen«, hatte Ford geschrieben, »dass die Menschheit unlösbar verbunden ist, alle Teile einer Maschine sind, dass daher alles, was eine Sektion Menschen schädigt, im letzten Ende zurückwirkend alle schädigen wird.« (ebd.: 720). Fords Botschaft, dass sich die Weltgesellschaft schon aus wirtschaftlicher Einsicht nicht auf Kriege oder Umstürze aller Art werde künftig einlassen können, wurde von den bürgerlichen Friedensaktivisten als Garantie einer neuen, unkriegerischen Weltordnung in aller Naivität verbreitet. Dass Ford sich aus der Friedensunternehmung schon 1916 wieder zurückzog und nur kurze Zeit später selbst militärisches Gerät produzierte, konnte die Akzeptanz seiner Wirtschaftsführung ebenso wenig außer Kraft setzen, wie es Ende der 20er Jahre die verstärkt publizierten entmystifizierenden Reiseberichte vermocht haben. Egon Erwin Kischs Schilderung des Nichtrauchers und Genussverächters Henry Ford und seines Kontrollsystems war ebenso wenig aufklärend wirksam wie Wladimir Majakowskis

Henry Ford was later able to advertise with extraordinary success in one of the most-read books of the period between the wars (Ford 1923). Fascinated by images of the model of industrial emancipation and equality, the peace activist remained uncritical and blind to the double nature of a company peace in which a »factory police« as Ford had emphasised, was superfluous »... for every employee is a policeman who keeps a firm eye on himself« (ibid.: 723). In the eyes of the European woman, this fulfilled the moral quality of the categorical imperative; seen in this way, this company peace was based on voluntarily implemented self-discipline. Such viewpoints were unable to see that the driving force behind this self-control could only have been motivated by a tightly woven net of discipline. ¶ However, the factual content and success of the Fordist production method was based on the rigid organisation of the workers, subordinating the body of the labourer to the movement of the machine, that is, to the conveyor belt.[1] In the so-called **Educational Departments**, which Schwimmer cited as sociological departments, there was also training in company integration, for the foreign workers in particular had to take part in a strictly regimented programme of education and socialisation. The associated pacifist internationalism argued logically with the profile of demand for economic efficiency and instrumental reason. »We must recognise«, Ford had written, »that humanity is bound together inseparably, all parts of a machine, and that everything which damages a part of humanity will thus ultimately reflect on and damage us all« (ibid.: 720). Ford's message that the future world society could not permit itself to go to war or cause revolutions of any kind, as a consequence of economic insight, was disseminated in all naivety by the bourgeois peace activists as the guarantee of a new, peaceful world order. The fact that Ford withdrew from the peace initiative as early as 1916 and was producing military equipment himself only a short time later failed to stop the acceptance of his economic leadership, any more than those demystified travel reports published more often at the end of the nineteen-twenties. Egon Erwin Kisch's depiction of the non-smoker and despiser of all pleasures, Henry Ford, and his system of control had as little enlightening effect as Vladimir Mayakovsky's information that piecework made the »worker impotent« (Fehl 1995: 28).

Hinweis, dass das Akkordsystem den »Arbeiter impotent« mache (Fehl 1995: 28).

Amerikanismus und International Style

Helmut Lethen hat in seiner unübertroffenen Studie zum Weißen Sozialismus aus dem Jahre 1970 auf die »Suggestivkraft von Fords Parolen« (Lethen 1970: 22) hingewiesen, die nicht nur im liberalen bürgerlichen Milieu, sondern auch bei einem Teil der deutschen Gewerkschaftsbewegung und der Sozialdemokratie auf bereiteten Boden fielen. Die Kunde von der prosperierenden Modernisierung der amerikanischen Gesellschaft blieb daher auch im Land der welthistorischen Befreiungsperspektive, in der jungen Sowjetunion, nicht ungehört, wenngleich sie im Sinne Lenins als Erscheinungsform des Übergangskapitalismus interpretiert wurde und daher umzustrukturieren war. Schon 1924 forderte Josef Stalin angesichts der im-

mensen Industrialisierungsdefizite der jungen Sowjetunion »die Revolutionierung der Produktionsmethoden als ›amerikanische Sachlichkeit‹, die, mit dem ›russischen revolutionären Elan‹ verbündet, den sozialistischen Arbeitsstil ausmachen« (ebd.) werde. ¶ Und tatsächlich wurde der forcierte Industrialisierungsprozess ab 1929 mit der Verpflichtung des für den Ford-Konzern tätigen Architekturbüros von Albert Kahn und dem Know-how des Ford-Unternehmens Realität. Die Modernisierung und die notwendige Annäherung an die US-amerikanische Produktivität, die die internationale Konkurrenzfähigkeit der UdSSR auf dem Weltmarkt mit dem 15-Jahresplan sicherstellen sollte, geschah mit der Hilfe Fords und seines für ihn seit Jahren tätigen Industriearchitekten Albert Kahn. Dieser Mann, dessen Devise lautete: »Architecture is 90% business, 10% art« (Bucci 1993: 93), plante und errichtete mit seinem Großbüro Fabrikgebäude und Produktionseinheiten für Stahl, Traktoren oder Automobile zwischen Moskau und Charkow, Stalingrad und Magnitogorsk. Spätestens mit der Berufung Kahns wurde offensichtlich, dass sich die Internationalisierung der Lebensverhältnisse auf Basis der fordistischen Fließgeschwindigkeit, also in der Angleichung der Produktionsmittel, durchzusetzen begonnen hatte. Spätestens in den 30er Jahren des 20. Jahrhunderts war es unübersehbar, dass der

Americanism and International Style

In his unparalleled study of White Socialism from the year 1970, Helmut Lethen pointed out the »suggestive power of Ford's slogans« (Lethen 1970: 22), which fell on fertile ground not only in the liberal bourgeois milieu, but also in parts of the German union movement and Social Democracy. The news of the prospering modernisation of American society was not left unheard, therefore, in the land of the historic liberation perspective—the young Soviet Union—although it was interpreted in the spirit of Lenin as a manifestation of transitional capitalism and therefore requiring restructuration. As early as 1924, in face of the young Soviet Union's immense deficits in industrialisation, Josef Stalin termed »the revolutionising of production methods as ›American objectivity‹, which, when allied with the ›Russian revolutionary élan‹, would constitute the socialist approach to work« (ibid.). ¶ And indeed, the

forced industrialisation process became reality from 1929 with the commissioning of an architectural office that had worked for Ford, Albert Kahn, and the know-how of the Ford concern. The modernisation and necessary alignment to US-American productivity, which was to assure the USSR's international competitiveness on the world market with the fifteen-year plan, took place with help from Ford and the industrial architect Albert Kahn, who had worked for him for many years. Together with his major architectural office, this man—whose motto was: »Architecture is 90% business, 10% art« (Bucci 1993: 93)—planned and built factory buildings and production units for steel, tractors or cars between Moscow and Kharkov, Stalingrad and Magnitogorsk. With Kahn's appointment at the latest, it became clear that the Soviets had begun to assert an internationalisation of living conditions on the basis of Fordist conveyor-belt speed, i.e., bringing into line their means of production. By the nineteen-thirties it was impossible to overlook the fact that the whole European continent had opened up to such Americanisms, more or less voluntarily. America had become not only an economic but a cultural force and model, or as Jean Baudrillard repeated once again at the end of the twentieth century: »The international style became American.« (Baudrillard 1987: 164). ¶ The

CONCEPTUALISATIONS UNDER INFLUENCE

KARIN WILHELM

55

gesamte europäische Kontinent sich diesen Amerikanismen mehr oder weniger freiwillig geöffnet hatte. Amerika war nicht nur ökonomisch, sondern auch kulturell zur Macht und zum Modell geworden, oder wie Jean Baudrillard nochmals am Ende des 20. Jahrhunderts wiederholte: »Der internationale Stil wurde amerikanisch.« (Baudrillard 1987: 164). ¶ Der Internationale Stil, oder besser The International Style, war selbst eine Erfindung oder sagen wir besser, ein gut gewähltes Label zweier Amerikaner. Henry-Russell Hitchcock und Philip Johnson wählten diesen Titel für ihre 1932 im Museum of Modern Art präsentierte Ausstellung »The International Style: Architecture since 1922«. Zur

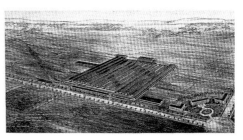

Vorbereitung ihrer Präsentation der zeitgenössischen Architektur in New York hatten Hitchcock und Johnson um 1930 eine Europareise unternommen. Begeistert und skeptisch zugleich analysierten sie später die Eigenarten des europäischen Funktionalismus, der auf dem alten Kontinent zu einer international gültigen Formensprache mit gleichen Merkmalen geführt hatte. Dazu gehörte das flache Dach, der undekorierte, nackte Baukörper, die transparente Fassade und die Dominanz der technisch-konstruktiven Form über die bildhaft ornamentale, eben das, was sie kunsthistorisch als International Style bezeichneten. Natürlich war ihnen aufgefallen, dass dieser Stil vor allem im Wohn- und Siedlungsbau der größeren Städte, allen voran denen der Weimarer Republik, aufgeblüht war, zwar an deren Rändern, aber doch unzweifelhaft als Konzept einer zukunftstauglichen städtischen Lebensform. Aber gerade diese Lösungen beurteilten sie mit äußerster Skepsis und noch heute übermittelt der Katalogtext die Indignation, die die beiden US-Kuratoren gegenüber dem szientifischen Idealismus dieser in Europa erdachten Konzepte entwickelt haben. Den Argwohn der Amerikaner erregte die gerade im Siedlungsbau durchgesetzte Vereinheitlichung der Formen, die ihnen ästhetisch als dogmatisch und sozial als rigide erschien. Der Grund dieser Wirkung sei in den Planungsparametern zu finden, denn die Architekten des neuen Bauens planten für eine Kunstfigur, für ein statistisches Monster namens »die typische Familie«. Doch diese Familie hatte in ihren Augen erhebliche Mängel, denn sie schien eine Erfindung von Soziologen zu sein, die die Architekten auf falsche Fährten geführt hatte: »[...]

international style or rather The International Style was an invention in itself, or should one say a well-selected label on the part of two Americans. Henry-Russell Hitchcock and Philip Johnson chose this title for their exhibition presented in the Museum of Modern Art in 1932, »The International Style: Architecture since 1922«. To prepare their presentation of contemporary architecture in New York, Hitchcock and Johnson had undertaken a journey to Europe around 1930. Simultaneously enthusiastic and sceptical, they later analysed the characteristics of European functionalism, which had led to an internationally valid formal language with standard features on the old continent. These included the flat roof, the un-

decorated, naked building volume, the transparent façade, and the dominance of technical-constructive over pictorial-ornamental form; in other words, exactly what they termed, art-historically, the International Style. Of course, they had noticed that this style had blossomed predominantly in the housing and settlement construction of the bigger cities, most of all in those of the Weimar Republic, on the periphery, certainly, but without doubt as a concept of urban living tenable for the future. But they judged these very solutions with extreme scepticism, and even today the catalogue text conveys the indignation roused in the two US curators in face of the scientific idealism of the ideas conceived in Europe. The Americans' suspicion was triggered by the formal standardisation that had been asserted in housing estate construction in particular; they found such standardisation aesthetically dogmatic and socially rigid. The reason for it lay in planning parameters, for the architects of New Building were planning for an artificial figure, for a statistical monster called »the typical family«. But in the Americans' eyes this family had considerable failings, since it seemed to be the invention of sociologists who had led the architects along the wrong path: »… the typical family has no personal existence and cannot defend itself against the sociological theories of architects.« (Hitchcock/Johnson: 103) With the irony of pragmatism, they expressed amusement over the morally high tones of those architects who, like Le Corbusier, now defined themselves as social workers: »Too often in European **Siedlungen** the functionalists build for some proletarian SUPERMAN of the future«.

CONCEPTUALISATIONS UNDER INFLUENCE

KARIN WILHELM

57

the typical familiy has no personal existence and cannot defend itself against the sociological theories of the architects.« (Hitchcock/Johnson: 103) Mit der Ironie des Pragmatismus amüsierten sie sich über die moralisch hohe Tonlage jener Architekten, die sich, wie etwa Le Corbusier, jetzt als Sozialarbeiter definierten: »Too often in European Siedlungen the functionalists build for some proletarian SUPERMAN of the future.« (ebd.: 104). ¶ Was die Entdecker des International Style geflissentlich übersahen, war die Tatsche, dass diese Kombination aus Typisierung und Heroisierung der Arbeiter auch als Botschaft Amerikas über den Atlantik gekommen war. Den Siedlungsbau der Weimarer Republik jedenfalls motivierte der idealisierte Fordismus mindestens ebenso wie die Vorstellung genossenschaftlich organisierter Lebensformen, also die Mischung aus rationalisierter Bauproduktion bei gleichzeitiger Anhebung der Konsumanteile für jene, die man gerne als minderbemittelte Schichten bezeichnete. Dass man diesen verheißungsvollen Bildern des fordistischen american way of life so vieles zutrauen durfte, lag nicht zuletzt daran, dass soeben sogar die Sowjetunion die soziale Tauglichkeit des Systems beglaubigt hatte. Für die meisten Architekten der Zwischenkriegszeit blieb der Fordismus mithin ein schillerndes, undurchschautes Phänomen. Das liberale Bürgertum

Deutschlands jedenfalls hoffte mithilfe des ökonomischen und kulturellen Amerikanismus den dritten, revolutionsfreien, friedlichen Weg in die Zukunft zu weisen.

Lebensstile des Amerikanismus: Das Dessauer Direktorenhaus

Das theoretische Rüstzeug dafür lieferte eine Reichstagsinitiative, die unter anderem durch Heinrich Brüning, Friedrich Dessauer oder die Frauenrechtlerin und Wohnungspflegerin von Berlin-Charlottenburg Marie Elisabeth Lüders getragen wurde. Seit 1925 diskutierten die Abgeordneten das Konzept für ein Nationales Bauprogramm, das sie zwei Jahre später in seinen Grundzügen vorstellen konnten. Ihr wirtschaftsdemokratisches Modell basierte auf der Industrialisierung des Bauens. ¶ Auf der anderen Seite erhielten Gesellschaftsmodelle Gewicht, die in Anlehnung an Alfred Vierkandts Milieutheorie behaupteten, dass das soziale Milieu und die Gesundheit der Umwelt als prägende Faktoren in der Subjekt- und Gesellschaftsbildung wirksam seien.

(ibid.: 104). ¶ What the discoverers of International Style so readily overlooked was the fact that this combination of typifying and heroising the workers had crossed the Atlantic as a message from America. It was actually an idealised Fordism that motivated the settlement construction of the Weimar Republic, at least as much as the idea of communally organised ways of life, i.e., the combination of rationalised building production with a simultaneous rise in the share of consumption for those who were popularly known as the lower-income classes. Not least, one might believe that these promising images of the Fordist **American way of life** held such promise because even the Soviet Union had recently certified the system's social adequateness. For most architects of the period between the wars, Fordism remained a resplendent, mysterious phenomenon. The liberal bourgeoisie of Germany, in any case, hoped to point the third, peaceful, revolution-free way into the future with the aid of an economic and cultural Americanism.

Abb. 5: **Fotomontage**

Fig. 5: Photomontage

Lifestyles of Americanism:
The Director's House in Dessau

The theoretical framework for this was provided by a Reichstag initiative carried by, among others, Heinrich Brüning, Friedrich Dessauer, and the women's rights activist and social worker from Berlin-Charlottenburg, Marie Elisabeth Lüders. From 1925 onwards, the members of parliament had been discussing plans for a national building programme, which they were able to present in a basic form two years later. Their economic-democratic model was based on the industrialisation of building. ¶ On the other hand, weight was also being given to social models oriented on Alfred Vierkandt's milieu theory, which claimed that social milieu and a healthy environment were effective as shaping factors in the development of the subject and society. For the adherents of this theory, a new type of human being had become conceivable in the train of Fordism, an individual who—by contrast to the pre-war period—had begun to develop a different structure of needs, more directed towards the attainment of happiness, often sensibly rejecting warlike or socially aggressive acts of self-assertion as the bearer of destruction. The German sociologist Franz Müller-Lyer had already developed this programme into a cultural theory in the pre-war period, and Walter Gropius remained influ-

Für die Anhänger dieser Theorie war nämlich im Geleitzug des Fordismus ein neuer Menschentypus vorstellbar geworden, der im Gegensatz zur Vorkriegszeit eine veränderte, auf Glückserwerb ausgerichtete Bedürfnisstruktur zu entwickeln begonnen hatte, mithin kriegerische oder sozialaggressive Selbstbehauptungsaktionen als Destruktionsgebaren einsichtsvoll ablehnte. Dieses Programm hatte der deutsche Soziologe Franz Müller-Lyer schon in der Vorkriegszeit zu einer Kulturtheorie ausgearbeitet, von der Walter Gropius zeit seines Lebens beeinflusst blieb. Das kulturelle Entwicklungskonzept Müller-Lyers basierte unter anderem auf einer äußerst schlichten Anthropologie, einem Dreiphasenmodell, an dessen Ende eine Figur erschien, die er den »sozialindividuellen Menschen« oder den »Vollmenschen« nannte. Dieser vom Nihilismus nietzscheanischer Prägung befreite Geist, dem auch Züge des sozialistischen Menschen anhaf-

teten, zeichnete sich nach Müller-Lyer durch eine gattungsbedingte Vervollkommnungsdynamik aus. Dieser Gedanke eines neuen Menschen war keine literarische Metapher mehr, wie sie die Expressionisten kreiert hatten. Dieser Neue Mensch war vielmehr machbar und zwar weltweit, indem sein Milieu menschenwürdig, gesund, arbeitserleichtert, subsistenzgesichert und mit freier Zeit versehen organisiert werden würde. An

diesem mentalitätsprägenden Umweltprojekt war das Bauhaus der Zwischenkriegszeit beteiligt. Walter Gropius hat in seiner Arbeit jedenfalls beide Aspekte, das Industrialisierungsprogramm und die Vorstellung von der psychophysischen Persönlichkeitsformung durch das Milieu idealtypisch synthetisiert. Sein Credo, dass eine menschenwürdige »Ration Wohnung« und eine gesundheitsfördernde, freizeitorientierte Umwelt, ein Haus oder eine Wohnung, in der es sich leicht und bequem leben ließe und daher zum persönlichen

Glück und zum sozialen Frieden beitragen werde, wurde zum Leitbild seiner Entwürfe für eine internationale Architektur. Auf dieser Basis entstand seit 1926 die Siedlung Dessau-Törten als »Wohn-Ford«, deren kleine Reihenhäuser mit dem Hausrat einfacher und preiswerter Serienmöbel aus den Bauhaus-Werkstätten ausgestattet werden sollten. ¶ Das luxuriösere Modell, wenn man so will der Mittelklassewagen dieser Architektur, entstand

enced by it throughout his life. The cultural development theory of Müller-Lyer was based, among other things, on an extremely simple anthropology: a three-phase model, at the end of which a character appeared whom he referred to as the »socio-individual human being« or the »complete human being«. According to Müller-Lyer, this mind liberated from a Nietzsche-influenced nihilism, which also included traits of socialist man, was characterised by dynamics towards perfection, defined by the species. This idea of a new man was no longer a literary metaphor like the one created by the Expressionists. This new man was far more realisable, all over the world, as long as his milieu could be made humane and healthy, his work made easier, his subsistence level guaranteed, and he was provided with leisure time. The Bauhaus of the period between the wars was involved in this environmental project, which influenced contemporary mentalities. Certainly, in his work, Walter Gropius had synthesised both aspects, the programme of industrialisation and the idea of the psychophysical formation of personality through milieu, into an ideal type. His belief that an environment promoting health and oriented on leisure time, and a house or an apartment in which it was possible to live easily and comfortably could contribute to personal happiness and thus to social peace, became the

Abb. 6: **Walter Gropius Baubüro: Produktionsstraße Siedlung Dessau-Törten, 1926/28**

Fig. 6: Walter Gropius Construction Office: production line in the settlement Dessau-Törten, 1926/28

guiding principle behind his concept of an »international architecture«. From 1926 onwards, the settlement Dessau-Törten was developed on this basis as the »Ford-home«, the small terraced houses that were to be equipped with simple and cheap serial furniture from the Bauhaus workshops. ¶ The more luxurious model, the quasi-middle-class vehicle of this architecture, was created according to a similar pattern in the masters' houses and above all in the director's house in Dessau. Here, Gropius was able to demonstrate that an up-to-date house was

Abb. 7: **Walter Gropius Baubüro: Reihenhäuser und Gärten, Siedlung Dessau-Törten, 1926/28**

Fig. 7: Walter Gropius Construction Office: terraced houses and gardens, settlement Dessau-Törten, 1926/28

not only produced with the help of machines, but could also function like a technical apparatus itself. Gropius had realised Le Corbusier's idea of the machine for living in his own way, although he avoided the concept of the machine for living and preferred to refer to an organism for living. However, this aspect did not emerge until one entered the house equipped with technical devices and furnished with finer functional objects from the

nach ähnlichem Muster in den Meisterhäusern und vor allem im Dessauer Direktorenhaus. Hier konnte Gropius demonstrieren, dass das zeitgemäße Wohnhaus nicht nur mithilfe von Maschinen produziert werden, sondern selbst wie eine technische Apparatur funktionieren könnte. Diese Idee der Wohnmaschine Le Corbusiers hat Gropius auf seine Weise umgesetzt, wenngleich er den Begriff der Wohnmaschine vermied und stattdessen lieber vom Wohnorganismus sprach. Sichtbar wurde dieser Aspekt allerdings erst im Inneren des Hauses, in den technischen Apparaten und der Möblierung mit edleren Gebrauchsgegenständen aus den Bauhaus-Werkstätten. ¶ Das schlichte Dessauer Meisterhaus des Bauhausdirektors lag inmitten eines Gartens und präsentierte sich zur Straße als Komposition ineinander verschränkter Raumkuben mit einem

flachen Dach. Man betrat es über eine kleine Außentreppe, gelangte ins Vestibül, anschließend ins Wohnzimmer mit dem integrierten Speiseraum, der bei Bedarf durch einen Vorhang abgetrennt werden konnte. Die Anrichte war hinter Einbauschränken verborgen, die Arbeitsküche folgte in der Raumanordnung den Ergebnissen der wissenschaftlichen Haushaltsführung. Das Bad war edel und teuer mit Marmorwaschbecken sowie großen Kristallglasscheiben an den Wänden ausgestattet, die daran anschließenden Schlafräume blieben hingegen eher zweckmäßig möbliert. Im begehbaren Kleiderschrank zwischen den beiden Schlafzimmern schaltete sich das Licht beim Öffnen und Schließen der Türen selbsttätig ein und aus, so zielte diese Raumentwicklung also unmittelbar auf die Funktionalität der Nutzungen. ¶ Wenn auch der offene Grundriss des Gropiushauses nicht

das Raffinement des durch Adolf Loos entwickelten Raumplankonzeptes und nicht die Dynamik des plan libre von Le Corbusier aufwies, so war doch der Architekt des Hauses ebenso wie die Kollegen aus Wien und Paris darum bemüht, mit seinem Grundriss Offenheit und kommunikative Nähe zu erzeugen. Allein wegweisend wurde das Meisterhaus dann in seiner haustechnischen Ausstattung und in der Idee, dass das Haus als technische Apparatur

für den nomadischen Lebensstil des modernen, flexiblen Menschen funktionieren müsse. Deshalb ersetzten im Wohnraum jetzt einfache Bücherregale den herkömmlichen Bücherschrank und im farblich fein abgestimmten »Wohnzimmer« nahm man auf den leicht zu bewegenden Wassily-Sesseln von Marcel Breuer Platz, von wo aus der in Reichweite stehende elektrische

Bauhaus workshops. ¶ The simple master's house of the Bauhaus director in Dessau was surrounded by a garden and appeared to the street as a composition of interlocking room-cubes with a flat roof. Access was via a small outside staircase, entering into the vestibule and then into the living room with an integrated dining area, which could be separated using a curtain when required. The pantry was concealed behind fitted cupboards, the space in the working kitchen was organised according to the ideas of scientific housekeeping. The bathroom was equipped in a superior and expensive fashion with a marble washbasin and large panes of crystal glass on the walls, while the bedrooms connected to it were furnished rather functionally. In the walk-in wardrobe between the two bedrooms, the light went on and off automatically when the doors were opened and closed. The design of space, therefore, was oriented directly on the functionalism of its uses. ¶ Although the open ground plan of Gropius's house did not display the refinement of the spatial plan developed by Adolf Loos and failed to demonstrate the dynamics of the **plan libre** by Le Corbusier, the architect of the house and his colleagues from Vienna and Paris made efforts to create openness and a communicative proximity by means of the ground plan. The master's house was pioneering, however, only because of the way it was equipped with domestic technology and the idea that the house needed to function as a technical apparatus for the nomadic lifestyle of the modern, flexible individual. That is why in the living area simple bookshelves replaced the traditional closed bookcase and in the »lounge«, with its finely balanced colour decor, one sat on easily movable »Vassily« armchairs designed by Marcel Breuer Platz, from which the electric kettle was within easy reaching distance and could be operated with a simple action. The technical equipment of the household also included a washing machine and dryer as well as a built-in ventilation system from the Junkers factory, which forced fresh air into the rooms. In winter this air was preheated by an aggregate connected to the central heating system. The Dessau director's house had an unusually high degree of technical equipment for that era, therefore, a proven means to facilitate women's liberation from the constrictions of everyday life such as washing, ironing, cleaning, and cooking. ¶ Just as modern man ought to be able to bond voluntarily with places, his employer and the workplace, an apartment or a

Abb. 8: **Werbebroschüre der Junkers-Werke mit Meisterhaus Gropius, 1925/26**

Fig. 8: Advertising brochure of the Junkers Works with the Master's house of Gropius, 1925/26

Abb. 9: **Walter Gropius: Innenraum (Bad) Meisterhaus, 1925/26**

Fig. 9: Walter Gropius: interior (bathroom) Master's house, 1925/26

CONCEPTUALISATIONS UNDER INFLUENCE

KARIN WILHELM

63

Wasserkocher umstandslos mit einem Handgriff bedient werden konnte. Zur technischen Haushaltsausstattung gehörten außerdem eine Waschmaschine und ein Wäschetrockner sowie ein eingebautes Ventilationssystem der Junkers-Werke, das frische Luft in die Räume presste, die im Winter durch ein Aggregat, das mit der Zentralheizung in Verbindung stand, vorgewärmt wurde. Das Dessauer Direktorenhaus verfügte also für die damalige Zeit über einen ungewöhnlich hohen technischen Ausstattungsgrad, ein probates Mittel, um endlich die Freistellung der Frau von den Zwängen des Alltags, dem Waschen, Bügeln, Säubern und Kochen zu ermöglichen. ¶ Wie also der moderne Mann sich freiwillig an Orte, den Arbeitgeber und Arbeitsplatz, die Wohnung oder das Haus binden können sollte, so die moderne Frau an ihr nach amerikanischen Vorgaben technisch aufgerüstetes Heim.

In dieser Gestalt und Gestaltung der äußeren Hülle und inneren Räume entsprach das Meisterhaus des Bauhausdirektors nicht mehr dem Bild eines deutschen Hauses, in dem die Hausfrau züchtig walten sollte. Vielmehr attackierte das Gropiushaus die Herrschaft dieses Denkbildes, das sich an den starren Distinktionsmodellen bürgerlicher Interieurs mit ihrer »rangachtenden Förmlichkeit [...] (und ihrem) patriarchalischen

Gepräge« (Baudrillard 2001: 23) orientierte. Im Dessauer Meisterhaus der Eheleute Gropius waren hingegen die Möbel und Hauhaltsgegenstände demonstrativ auf die Disponibilität von Mitbringseln zurückgestuft worden, die nun gleichsam in postbürgerlicher Lässigkeit das Gepräge der emanzipierten, auf den Arbeitsmarkt drängenden (Haus-)Frau zu repräsentieren schienen.[2] Die deutschen Frauen- und Hausfrauenverbände jedenfalls haben das Direktorenhaus von 1926 in diesem Sinne begeistert kommentiert und aus der Definition des Hauses als Wohninstrument/-organismus neue Maßstäbe für den dienstbotenlosen, modernen Haushalt des 20. Jahrhunderts entwickelt. Für Gropius war die Popularisie-

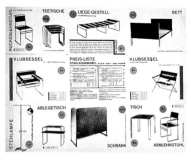

rung eines derart gestalteten Milieus jedenfalls das Faustpfand für eine neue, auf friedlichen Ausgleich bedachte Sozialstruktur. Den Erfolg seines Wohnhauses in der Frauenbewegung wird der Architekt zudem als Bestätigung einer Milieutheorie empfunden haben, die glaubte, in der Produktion des wohlstandsgesättigten, freizeitorientierten Wohnumfeldes für selbständige Frauen in

house, modern woman was supposed to develop ties to her home, which was technically equipped according to the American model. The form and design of the external casing and interior space meant that the master's house of the Bauhaus director no longer corresponded to the image of a German house, in which the housewife was to rule chastely. Gropius' house rather attacked the domination of this concept, which was oriented on rigid models of distinction for bourgeois interiors with their »status-conscious formality ... (and their) patriarchal character« (Baudrillard 2001: 23). In the Dessau master's house belonging to the married couple Gropius, by contrast, the furniture and household objects had been demonstratively reverted to the disposable nature of bring-along goods, which now seemed to quasi represent the character of the emancipated (house) wife who was pushing her way onto the labour market.[2] Certainly, the German women's and housewives' associations commented enthusiastically on the director's house of 1926 in this spirit and developed their new standards for a modern twentieth century household without servants from the definition of the house as an instrument or organism for living. Gropius saw the popularisation of a milieu designed in this way as the pledge of a new social structure,

Abb. 10: **Ise und Walter Gropius im Meisterhaus, 1927**

Fig. 10: Ise and Walter Gropius in the Master's house, 1927

oriented on the peaceful restoration of balance. The architect would also have viewed the success of his house in the women's movement as a confirmation of a milieu theory, which believed that the approach to a more peaceful world society lay in the production of a living environment with sufficient prosperity, oriented towards leisure time for independent women in happy (nuclear) families. Initially, the development of the culture of white-collar workers in the Weimar Republic appeared to confirm such prognoses after economic consolidation through the Dawes Plan in 1924. In the social-democratic oriented environment of the Bauhaus, as represented by

Abb. 11: **Faltprospekt für Bauhaus-Standardmöbel, 1928**

Fig. 11: Leaflet for Bauhaus standard furniture, 1928

Gropius as opposed to Hannes Meyer, these conceptualisations of Americanism were—at least after the world economic crisis of 1929—still essentially unquestioned and continued to have a positive effect. However, their influence only became evident to a major degree in post-war Europe, when the lifestyles of the prosperous American society also became widespread in Europe.

65

glücklichen (Klein-)Familien den Weg zu einer friedlichen Weltgesellschaft erkennen zu dürfen. Die Entwicklung der Angestelltenkultur in der Weimarer Republik schien solchen Prognosen nach der wirtschaftlichen Konsolidierung durch den Dawes-Plan 1924 zunächst zu bestätigen. Im sozialdemokratisch orientierten Umfeld des Bauhauses, wie es Gropius im Gegensatz zu Hannes Meyer repräsentierte, sind diese Denkbilder des Amerikanismus jedenfalls auch nach der Weltwirtschaftkrise von 1929 im Wesentlichen unhinterfragt positiv wirksam geblieben. Allerdings wurde ihr Einfluss erst im Nachkriegseuropa tatsächlich in großem Umfang evident, als die Lebensstile der amerikanischen Wohlstandsgesellschaft in Westeuropa Verbreitung fanden.

Anmerkungen

| [1] Siehe dazu vor allem das Kapitel: »Der Terror der Maschine«. In: Ford 1923, S. 120 ff. | [2] Franz Müller-Lyer hatte in seinen Studien die Zwangläufigkeit der weiblichen Erwerbsarbeit als positive Entwicklung betont, die aus familiär entmündigten Frauen »ebenbürtige Lebensgefährtinnen« machen würden. Mit dieser neuen Unabhängigkeit gewannen Frauen einen neuen Grad an Attraktivität. »[...] Schauspielerinnen, Studentinnen, Malerinnen, Schriftstellerinnen usw. üben auf den normalen Mann unsrer Zeit einen weit höheren Reiz aus als das unselbständige und beschränkte Stubenpflänzchen [...] Wie die Zeitschrift **Erika** mitteilt, ergaben die neuesten Feststellungen der Statistik die Tatsache, dass von 1000 unbemittelten Mädchen, die eine Ehe eingingen, nur 162 keinen Beruf hatten [...]« (Müller-Lyer 1924: 352 f.).

Notes

| [1] On this, see the chapter: »Der Terror der Maschine«. In: Ford 1923, p. 120 ff. | [2] In his studies Franz Müller-Lyer had emphasised the inevitability of female gainful employment as a positive development, which would make women incapacitated by family into »equal partners in life«. With this new independence, women developed a new level of attractiveness. »... Actresses, students, painters, writers, etc. exercise a much greater degree of attraction on the normal man of our era than the dependent, limited little house plant ... As the magazine Erika informs us, the latest statistics show that of 1000 girls without independent means who marry, only 162 have no former profession ...« (Müller-Lyer 1924: 352 f.).

Literatur

| Baudrillard, Jean: *Amerika.* München 1987 | Baudrillard, Jean: Das *System der Dinge. Über unser Verhältnis zu den alltäglichen Gegenständen.* Frankfurt a. M./New York 2001 | Bittner, Regina/Brüning, Henning: »Oder die Welt geht Tempo! Tempo! vollends aus den Fugen. Einleitende Gedanken zu ›Fordismus‹ und ›Bauhaus‹«. In: Bittner, Regina/Brüning Henning/Fehl, Gerhard/Kegler, Harald (Hg.): *Zukunft aus Amerika. Fordismus in der Zwischenkriegszeit.* Dessau 1995 | Brecht, Bertolt: *Flüchtlingsgespräche.* Gesammelte Werke 14, Prosa 4, Frankfurt a. M. 1967 | Bucci, Federico: *Albert Kahn. Architect of Ford.* New York 1993 | Fehl, Gerhard: »Welcher Fordismus eigentlich? Eine einleitende Warnung vor dem leichtfertigen Gebrauch des Begriffs«. In Bittner, Regina/Brüning Henning/Fehl, Gerhard/Kegler, Harald (Hg.): *Zukunft aus Amerika. Fordismus in der Zwischenkriegszeit.* Dessau 1995 | Ford, Henry: *Mein Leben und Werk.* Leipzig (o. J., ca. 1923) | Gropius, Walter: *Internationale Architektur.* München 1925 | Hitchcock, Henry-Rusell/Johnson, Philip: *The International Style.* New York/London 1995 | Lethen, Helmut: *Neue Sachlichkeit 1924–1932. Studien zur Literatur des »Weißen Sozialismus«.* Stuttgart 1970 | Meyer, Hannes: »die neue welt« (1926). In: Winkler, Klaus-Jürgen (Hg.): *Der Architekt hannes meyer. Anschauungen und Werk.* Berlin 1989 | Meyer, Hannes: »Antworten auf Fragen der Prager Architektengruppe ›Leva Fronta‹« (1932). In: Winkler, Klaus-Jürgen (Hg.): *Der Architekt Hannes Meyer. Anschauungen und Werk.* Berlin 1989 | Müller-Lyer, Franz: *Die Familie (Die Entwicklungsstufen der Menschheit,* Bd. 4). München 1924 | Schwimmer, Rosika: »Henry Ford«. In: *Die Umschau. Wochenschrift über die Fortschritte in Wissenschaft und Technik,* XXI. Jg., Nr. 39: Frankfurt a.M. 1917

Reference

| Baudrillard, Jean: *Amerika.* Munich 1987 | Baudrillard, Jean: *Das System der Dinge. Über unser Verhältnis zu den alltäglichen Gegenständen.* Frankfurt a. M./New York 2001 | Bittner, Regina/Brüning, Henning: »Oder die Welt geht Tempo! Tempo! vollends aus den Fugen. Einleitende Gedanken zu ›Fordismus‹ und ›Bauhaus‹«. In: Bittner, Regina/Brüning Henning/Fehl, Gerhard/Kegler, Harald (eds.): *Zukunft aus Amerika. Fordismus in der Zwischenkriegszeit.* Dessau 1995 | Brecht, Bertolt: *Flüchtlingsgespräche. Gesammelte Werke 14, Prosa 4,* Frankfurt a. M. 1967 | Bucci, Federico: *Albert Kahn. Architect of Ford.* New York 1993 | Fehl, Gerhard: »Welcher Fordismus eigentlich? Eine einleitende Warnung vor dem leichtfertigen Gebrauch des Begriffs«. In Bittner, Regina/Brüning Henning/Fehl, Gerhard/Kegler, Harald (eds.): *Zukunft aus Amerika. Fordismus in der Zwischenkriegszeit.* Dessau 1995 | Ford, Henry: *Mein Leben und Werk.* Leipzig (n. d., approx. 1923) | Gropius, Walter: *Internationale Architektur.* Munich 1925 | Hitchcock, HenryRusell/Johnson, Philip: *The International Style.* New York/London 1995 | Lethen, Helmut: *Neue Sachlichkeit 1924– 1932. Studien zur Literatur des »Weißen Sozialismus«.* Stuttgart 1970 | Meyer, Hannes: »die neue welt« (1926). In: Winkler, Klaus-Jürgen (ed.): *Der Architekt Hannes Meyer. Anschauungen und Werk.* Berlin 1989 | Meyer, Hannes: »Antworten auf Fragen der Prager Architektengruppe ›Leva Fronta‹« (1932). In: Winkler, Klaus-Jürgen (ed.): *Der Architekt Hannes Meyer. Anschauungen und Werk.* Berlin 1989 | Müller-Lyer, Franz: Die Familie (*Die Entwicklungsstufen der Menschheit,* vol. 4). München 1924 | Schwimmer, Rosika: »Henry Ford«. In: *Die Umschau. Wochenschrift über die Fortschritte in Wissenschaft und Technik,* vol. XXI , No. 39: Frankfurt a. M. 1917

»Modernistischer Imperativ«
– Walter Gropius und
die Deutungshoheit
der Moderne

VON KAI-UWE HEMKEN

»Drei Tage in Weimar und man kann sein Leben lang kein Quadrat mehr sehen«, schrieb Paul Westheim ernüchtert, nachdem er 1923 die erste Bauhausausstellung besucht hatte (Westheim 1923). Die Euphorie und der Glanz des Neubeginns, die nahende Ankunft einer verheißungsvollen Zukunft, wie sie mit dem Bauhaus qua Verkündung durch Walter Gropius zu erleben gewesen wäre, wandelte sich im Angesicht der Artefakte zu einer unausgegorenen Unternehmung mit einer inflationären Symbolik. Diese Kritik, die zwischen Anspruch und Wirklichkeit zu unterscheiden wusste, sollte fortan das Staatliche Bauhaus nicht nur zeitlebens begleiten, wie sich an Kommentaren und Schriften von namhaften Protagonisten moderner Kunst, Gestaltung und Architektur wie Adolf Behne, Rudolf Schwarz und Tom Wolfe oder im Zuge öffentlicher Diskussionen wie der Bauhaus-Debatte von 1953 beobachten lässt (Nerdinger 1994). Die Kritikpunkte konzentrierten sich stets auf die Unzulässigkeit jener formalästhetischen Beschränkung, die Walter Gropius kompromisslos vorantrieb, und die begleitende Rhetorik, die mit Mitteln der Reklametechnik die Unausweichlichkeit und Allgemeingültigkeit dieser Formensprache propagierte. Das strategische Geschick des Bauhausgründers, der sowohl die Klaviatur der Öffentlichkeitsarbeit meisterlich zu bespielen wusste als auch die Personalpolitik im eigenen Hause professionell beherrschte, verband sich mit dem Umstand, dass die Entwicklung der Avantgarde insgesamt an einem entscheidenden historischen Wendepunkt angelangt war. Das Wechselspiel von Avantgarde und Akademie, die Selbstbestimmung respektive Selbststilisierung der Avantgarde gegenüber der Gesellschaft und die allgemeine kulturelle wie gesellschaftliche Entwicklung (Weimarer Republik, Industrialisierung) warfen erneut gleich ein ganzes Bündel an Fragen auf, die die Moderne im Kern berührten und unnachgiebig Antworten einforderten. Denn der Selbstentwurf der Moderne stand erneut zur Disposition, nachdem in verschiedenen Etappen seit 1800 eine Engführung in der Modernisierung des gesellschaftlichen Lebens zu verzeichnen war. Die ursächlichen Impulse für die Moderne, die alle Sphären gesellschaftlichen Lebens betrafen, wurden unter Reduzierung auf wenige Aspekte (Technik, Industrie, Ökonomie) vernachlässigt, sodass man schließlich allein mit den Folgen der erwähnten Eindimen-

»A Modernist Imperative« —Walter Gropius and Control over the Interpretation of Modernism

BY KAI-UWE HEMKEN

»Three days in Weimar and you never want to see a square again in your life«, Paul Westheim wrote, describing the disillusioning effect of his visit to the first Bauhaus exhibition in 1923 (Westheim 1923). The euphoria and brilliance of the new beginning, the coming advent of a promising future as would be experienced with the Bauhaus qua proclamation by Walter Gropius mutated into a callow undertaking with inflationary symbolism when face to face with the artefacts. This type of criticism, differentiating between claims and reality, was to accompany the State Bauhaus throughout its further existence and beyond, as may be observed in commentaries and writings by well-known protagonists of modern art, design, and architecture like Adolf Behne, Rudolf Schwarz, and Tom Wolfe or in public discussions such as the Bauhaus debate of 1953 (Nerdinger 1994). Points of criticism have always focused on the unreliable nature of the formal-aesthetic restrictions, which Walter Gropius pursued without compromise, and the accompanying rhetoric, which propagated the unavoidability and universal validity of this formal language by employing the methods of advertising. In this context, the strategic skill of the Bauhaus founder—who had mastered the full claviature of publicity work and also kept the personnel policy in his own institute under a tight, professional rein—was coupled with the fact that the avant-garde's development as a whole had arrived at a decisive historical turning point. The interplay between avant-garde and academy, the self-definition or rather self-stylisation of the avant-garde with respect to society, and general cultural and social developments (Weimar Republic, industrialisation) raised again a whole complex of questions that touched the heart of modernity and remorselessly demanded answers. Modernity's self-design was up for disposition once more, after—in various stages since 1800—a parallelism had been noted in the modernisation of social life. Reduction to only a few aspects (technology, industry, economy) led to a neglect of modernity's original impulses, which had affected all spheres of social life. In the end, the sole concern was the consequences of this one-dimensionality of modernity's development, thus banishing the original cultural points of reference, which had been formulated as leading categories at the onset of modernity, from

KAI-UWE HEMKEN

sionalität der Moderne-Entwicklung beschäftigt war und die ursprünglichen kulturellen Bezugspunkte, die leitkategorial zu Beginn der Moderne formuliert wurden, aus dem Koordinatensystem der Gesellschaftsentwicklung verbannte: Spürbar wird die Notwendigkeit einer Selbstreflexion der Moderne, nachdem man seitens der Politik und Wirtschaft ohne Unterlass eine einseitige gesamtgesellschaftliche Entwicklung betrieben und sich allein die Industrialisierung, Technisierung und Kapitalakkumulation auf die Fahnen geschrieben hatte. Eine solche Reduktion führte nicht nur zu einer allgemeinen Wissenschaftsgläubigkeit, die auch in der Kunst ihren deutlichen Niederschlag erfuhr, sondern ebnete auch den Weg für eine immense Beschleunigung der Entwicklung in Technik und Industrie. Die vielbeschworene und -diskutierte Großstadterfahrung, etwa bei Ernst Ludwig Kirchner, war nur ein Indiz einer folgenschweren Entwicklung, die die überlieferten physiologischen Wahrnehmungsmuster und die Verarbeitungskapazitäten von psychischen Erfahrungspotenzialen schlichtweg überforderte. ¶ Es kann nicht verwundern, dass man in der Kunst geradezu seismografisch auf diese Fehlentwicklung um 1900 reagierte. Da man unabhängig voneinander agierte, als sich die Künstlererneuerer anschickten, das Kulturgefüge neu zu organisieren, kann dieses Ansinnen tatsächlich als Indiz einer unabgesprochenen, geradezu eigendynamischen Gegenbewegung gedeutet werden: Kasimir Malewitsch entwarf mit seiner Gegenstandlosen Welt – ähnlich wie Wassily Kandinsky mit seiner Denkschrift Über das Geistige in der Kunst – einen Gegenentwurf zu einer rein am »Materialismus« (Kandinsky) orientierten Kultur und forderte unmissverständlich die Wiederkehr des Religiösen und Spirituellen exklusiv auf dem Felde der Kunst. Johannes Itten konzentrierte sich bei gleichlautenden Forderungen auf die Ausbildung der individuellen Künstlerpersönlichkeit, die nachfolgend die spirituelle Beseelung einer materiellen Welt befördern helfen sollten. Die Einfühlung, das meditativ-eksta-

tische Nacherleben von spirituellen Zuständen, die von Kunstwerken stimuliert werden, stand im Zentrum seines künstlerischen Anliegens. Robert Delaunay argumentiert weitaus säkularer, wenn er mit einer abstrakten Bildsprache eine besondere ästhetische Erfahrung hervorzurufen beabsichtigt: Der Betrachter seiner Gemälde soll durch die Wahrnehmung der schnellen Farbwechsel jene überirdische Energie verspüren, die die

KAI-UWE HEMKEN

the system of coordinates in social development: the necessity for self-reflection in modernity became tangible after a one-sided overall social development had been promoted by politics and the economy and had subsequently advanced under the flag of industrialisation, increasing technology and capital accumulation alone. This kind of reduction not only led to a universal faith in science, which also experienced an obvious expression in art, but also paved the way for an immense acceleration of development in technology and industry. The much heralded and discussed big-city experience, e.g., in the work of Ernst Ludwig Kirchner, was now no more than an indication of a far-reaching development that simply overtaxed traditional physiological perceptual patterns and the capacity to handle psychic experiential potentials. ¶ It is surely no wonder that art made a truly seismographic response to this undesirable development around 1900. Because action was taken independently when the artist innovators set out to reorganise the cultural constellation, this intention can surely be interpreted as indicating an unvoiced, truly autodynamic counter movement: with his **Non-Objective World**, Kasimir Malevich—in a similar way to Wassily Kandinsky with his memorandum **Concerning the Spiritual in Art**—conceived a counter design to a culture oriented purely on »materialism« (Kandinsky) and made an unequivocal demand for the exclusive return of the religious and the spiritual into the field of art. Voicing equivalent demands, Johannes Itten concentrated on the training of the individual artistic personality, who would subsequently help to inspire spirit into a material world. His artistic aim was empathy; the meditative, ecstatic re-experience of spiritual states stimulated by artworks. Robert Delaunay argued in a considerably more secular fashion when he strove to produce a specific aesthetic experience using an abstract pictorial language: the intention was for the viewer of Delaunay's paintings, via his perception of the rapidly alternating colours, to sense

the spiritual energy which holds together the world beyond its disparity, manifold nature, and diremption. Similar concepts closely associated with his art, which was known as Orphism, emerged around the same time, e.g., in the work of Franz Marc and August Macke, who were involved in a close exchange with Delaunay when developing their prismatic aesthetics. ¶ It would be fairly easy to go on listing the members of the artistic avantgarde

Abb. 1: **Wassily Kandinsky:**
Improvisation 26 (Rudern), 1912

Fig. 1: Wassily Kandinsky:
Improvisation 26 (Rowing), 1912

Welt jenseits ihrer Disparität, Vielgestaltigkeit und Zerrissenheit zusammenhält. In einem engen Zusammenhang mit seiner als Orphismus betitelten Kunst zeigen sich zeitgleich ähnliche Konzepte etwa bei Franz Marc und August Macke, die im Zuge der Entwicklung ihrer prismatischen Ästhetik mit Delaunay in einem engen Austausch standen. ¶ Die Reihe der Avantgardisten, die sich auf dem Felde der Kunst gesamtkulturellen Belangen widmeten und sich im selben Atemzuge als Aufklärer, Heilsbringer und Seismografen verstanden, ließe sich mühelos fortsetzen. Entscheidend ist, dass sich eine Vielzahl von Künstlern offenbar durch eine kritikwürdige gesellschaftliche Gegenwart aufgefordert sah, Lösungen für eine Kultur in Schieflage zu finden. Wertet man dieses kollektive Streben einer aufmerksamen Künstlerschaft als Anzeichen für den Status der gesamtgesellschaftlichen Entwicklung, so scheint die Moderne an einem bestimmten Punkt angelangt zu sein. Wie bereits erwähnt, war eine Eindimensionalität zu verspüren, die mit der Industrialisierung, Technisierung und Ökonomisierung als ausschließliche Prämissen des gesellschaftlichen Fortgangs beschrieben sei. Die Avantgarde zu Beginn des 20. Jahrhunderts fordert direkt und indirekt zu einer Revision der Moderne-Interpretation auf, bietet ihrerseits jedoch konservative Angebote einer Neuorientierung: Die Rückbindung an Religion, Mystik und Tradition werden in der Kunst als Gegenposition zur gesellschaftlichen Entwicklung aufgeboten. Man vergewissert sich einer Verbindung zu höheren Instanzen, die einen Masterplan jenseits des alltäglichen, kritikwürdigen Pragmatismus verfolgen. Man wollte offenbar der Fremdbestimmung durch Industrie und Wirtschaft entkommen, indem man sich als Teil eines metaphysischen Großsystems definierte. ¶ Die Tendenzen einer Re-Mythisierung und Re-Sakralisierung, die von Künstlern und Künstlergruppen vereinzelt forciert wurden, bündelte schließlich Walter Gropius am Staatlichen Bauhaus in Weimar. Unter der bereits seit dem 19. Jahrhundert geläufigen Generallosung, dass die Architektur leitkategorial die bildende und angewandte Kunst unter ihrem Dach versammeln wolle, konnte Gropius herausragende, innovative Künstlerpersönlichkeiten für seine Kunsthochschule als Lehrkräfte gewinnen. Der Bauhaus-Gründer konzentrierte damit ein enormes Potenzial künstlerischer Innovation und setzte sich zugleich an die Spitze der Avantgardebewegung. In gleichem Atemzug setzte er mit dem »Projekt Bauhaus« einen Schlussstrich unter eine Entwicklung, die sich über Jahrzehnte hinweg formiert hatte und in zweierlei Hinsicht benannt werden kann: ¶ 1) Spätestens mit den

who dedicated themselves to concerns of general culture and understood themselves in the same breath as enlighteners, saviours, and seismographs. The decisive point is that a large number of artists apparently felt challenged by a social present worthy of criticism to find new solutions for an increasingly disordered culture. If one judges this collective striving by vigilant artists to be indicative of the state of overall social development, it appears that modernity had arrived at a decisive point. As already mentioned, it was possible to sense the one-dimensionality that had been depicted as an exclusive premise to social progress with industrialisation, increasing technology, and economisation. Directly and indirectly, the avant-garde at the beginning of the twentieth century was demanding a revision of the interpretation of modernity. For its part, however, it offered rather conservative ideas for fresh orientation: links back to religion, mysticism, and traditions were proclaimed in art as a counter position to social development. People reassured themselves of ties with higher instances that were following a master plan beyond the everyday pragmatism that seemed so worthy of criticism. There was obviously a desire to escape outside determination via industry and the economy by defining oneself as part of a grand metaphysical system. ¶ Ultimately, what Walter Gropius did at the State Bauhaus in Weimar was concentrate these trends towards re-mythologizing and re-sacralizing, which had been advocated by artists and groups of artists in isolation. Proclaiming a general motto that had been common since the nineteenth century, regarding architecture as a leading category that should gather fine and applied arts under its wing, Gropius was able to win over outstanding, innovative artist personalities as teachers for his art college. The Bauhaus founder thus concentrated an enormous potential of artistic innovation and positioned himself at the head of the avant-garde movement at the same time. In the same breath, with his »Bauhaus Project« he drew a line under developments that had been emerging over decades and can be noted in two key points: ¶ 1) From the Impressionists at the latest, the collective self-concept of the artist was lived out publicly in the role of the social outsider and, ultimately, as an exclusive form of existence. Here, the renegades (Impressionists of the Munich, Vienna, and Berlin Secessions) could be sure of long-term support from a liberal bourgeoisie and an educated middle class open to innovation. Patrons, buyers, and sponsors were always available when representatives of the avant-garde found their pecuniary existence threatened in

Impressionisten wurde der kollektive Selbstentwurf des Künstlers als Außenseiter der Gesellschaft und schließlich als exklusive Existenzform öffentlich gelebt. Dabei konnten sich die Abtrünnigen (Impressionisten der Münchner, Wiener und Berliner Secession) über lange Strecken den Rückhalt durch ein liberales, dem Neuen aufgeschlossenes Groß- und Bildungsbürgertum sicher sein. Geldgeber, Käufer und Sponsoren waren in Notlagen zur Stelle, wenn bei den Avantgardisten die pekuniäre Existenzsicherung bedroht war. Diese Schutzzone wurde jedoch von den Künstlern aufgegeben, als Wassily Kandinsky, Piet Mondrian oder Ernst Ludwig Kirchner auf den Plan traten. Angesichts vollkommen fremder Bildsprachen gab es seitens der Kunstkritik und des Bildungsbürgertums kein Vokabular für eine formale Beschreibung oder inhaltliche Erschließung mehr, sodass sich auch die liberalsten Kreise abwandten, wie Gert Bollenbeck in seiner aufschlussreichen Schrift zu Kunst und Kultur um 1900 ausführte und hier von einer »Entbürgerlichung« der modernen Kunst sprach. Nur wenig später, mit der Gründung des Staatlichen Bauhauses in Weimar, gelang es Gropius, die verlorenen Söhne wieder in den Schoß des Öffentlich-Rechtlichen zu holen. ¶ 2) Im sich formierenden modernen Kunstbetrieb heutigen Zuschnitts etablierte sich eine Frontstellung der unabhängigen Künstleravantgarde zur Kunstakademie. Es gehörte zum guten Ton der Erneuerer von den Nazarenern über die Impressionisten bis zur Wiener Secession – teils mit Unterstützung des Kunsthandels und der Kunstkritik – der Akademie und den etablierten Künstlern die Stirn zu bieten und über öffentlichkeitswirksame Aktivitäten (Ausstellungen, Skandale etc.) Aufmerksamkeit zu erregen. Gegen Ende des 19. Jahrhunderts ereilte die Kunstakademie eine andere öffentlich vorgetragene Kritik, die die mutmaßliche Weltabgewandtheit der Akademiekünstler betraf: Als verschrobene Einzelgänger wurden sie bezeichnet, die einer Eingliederung ins gesellschaftliche Geschehen bedürften. Eine Schlüsselrolle sollte hierbei unter anderem das Handwerk spielen, war es doch die Schnittstelle zwischen beiden getrennten Sphären. Die mystische Ausrichtung auf dem Boden des Handwerks, wie es im Gründungsmanifest des Bauhauses zu lesen ist, löste auch diese Forderung ein. ¶ Besieht man sich die Geschichte der Kunstakademie seit ihren Gründungstagen, so zeigt sich eine Zweischneidigkeit des Bauhauses, die sowohl progressive wie restaurative Tendenzen betrifft. Gelingt es Gropius, die vormals einzeln agierenden Avantgardisten zu bündeln und zu einer gemeinsamen Streitmacht gegen eine fehlgeleitete Moderne zu mobilisieren, so

emergencies. However, the artists themselves left this protective zone when Wassily Kandinsky, Piet Mondrian, or Ernst Ludwig Kirchner appeared on the scene. Confronted by completely alien pictorial languages, art criticism and the educated middle classes lacked the vocabulary for a formal description or understanding of art's content, so that even the most liberal of circles turned away—as Gert Bollenbeck explains in his informative treatise about art and culture around 1900, speaking of a »de-bourgeoising« of modern art. Only a little later, with the foundation of the State Bauhaus in Weimar, Gropius succeeded in bringing the prodigal sons back into the lap of a public institution. ¶ 2) In the modern art business evolving with a format similar to today's, fixed fronts were established between the independent artistic avant-garde and the art academy. It was part of the correct tone among innovative artists from the Nazarenes and Impressionists to the Vienna Secession—with partial support from art dealers and art critics—to meet the academy and its established artists head on and to attract attention by means of effective public activities (exhibitions, scandals, etc.). Towards the end of the nineteenth century, the art academy faced different publicly voiced criticism, which referred to the academy artists' supposed detachment from the real world: they were described as eccentric loners who ought to be incorporated into society and its activities. In this context, craftsmanship was one thing that was to play a key role, since it represented an interface between the two separate spheres. A mystic orientation based on craftsmanship, as may be read in the founding manifesto of the Bauhaus, constituted a way of meeting society's demand. ¶ Looking at the history of the art academy from its foundation onwards reveals the double edge of the Bauhaus, applicable to both progressive and restorative tendencies. While Gropius succeeded in bringing together avant-garde artists who had acted previously as individuals and mobilising them into a joint force against a modernity that had strayed from the way, at the same time he was also their chief ideologist, attempting to install the Bauhaus as a guiding instrument of avant-garde development. Gropius thus gathered around his own person the most innovative positions of contemporary art, whose activities influenced modern art to a considerable extent. Guiding these positions, e.g., via their activity at the Bauhaus, had a simultaneous and equally effective influence on the history of modern art. However, this called for a strategic to authoritarian style of internal leadership and clever self-portrayal to outsiders, which

ist er zugleich deren Chefideologe, der das Bauhaus zu einem Steuerungsinstrument der Avantgarde-Entwicklung zu installieren sucht. Somit schart Gropius die innovativsten Positionen der zeitgenössischen Kunst um sich, deren Aktivitäten in einem nicht geringen Maße die moderne Kunstbewegung beeinflussen. Die Steuerung dieser Positionen, etwa durch ihre Tätigkeit am Bauhaus, bewirkt eine gleichzeitige und nicht geringe Einflussnahme auf die Geschichte der modernen Kunst. Dies bedarf jedoch einer strategischen bis autoritären Führung nach innen und einer geschickten Selbstdarstellung nach außen, wie es Gropius nicht ganz widerspruchsfrei praktizierte. Damit stand Gropius in der Tradition der Kunstakademie etwa in Italien des 16. bis 19. Jahrhunderts, deren Geldgeber über die Reglementierung der Kunstproduktion und öffentlichen Ausstellung die Kunst in den Dienst der politischen Repräsentation zu stellen suchten. ¶ Das Wirken des Bauhausdirektors nach innen zeigte sich in verschiedener Weise, wenn er die am eigenen Hause entwickelten künstlerischen Innovationen nur kontrolliert an die Öffentlichkeit geben ließ oder seine Künstlerprofessoren aufforderte, ihre hochgradig individuellen Konzepte und Anschauungen in ein pädagogisches Konzept zu überführen und damit eine allgemeine Transparenz zu schaffen. Als Formen der Außendarstellung des Bauhauses dienten Ausstellungen als öffentlichkeitswirksame Präsentationen von künstlerischen Resultaten wie Hervorbringungen mit experimentellem Charakter, um nicht zuletzt die Öffentlichkeit von der Zivilisationstauglichkeit der Individualisten zu überzeugen (Brüning 1995, Hemken 1995, Pehnt 2009, Rössler 2009). Die Bauhausausstellung von 1923 war der Auftakt für eine Reihe von Leistungsschauen dieser Art, die ihren Höhepunkt mit der Section allemande 1930 in Paris erfuhr. Überdies galten Aufführungen der Bauhausbühne als herausragende gesellschaftliche Ereignisse. Hier wurde zugleich die Generallosung des Dessauer Bauhauses Kunst und Technik – eine neue Einheit veranschaulicht: Der Stäbetanz, der Metalltanz oder das Triadische Ballett transportierten die Kategorie »Abstraktion«, die Attraktivität von Industriematerialien und die Faszination eines Neuanfangs auf hochästhetische Weise. Von nicht geringer Bedeutung

Gropius practised, although with some contradiction. In this respect, Gropius followed in the tradition of the art academy—e.g., in sixteenth to nineteenth century Italy—the financial patrons of which strove to place art in the service of political representation by regimenting art production and public art exhibitions. ¶ The internal impact of the Bauhaus director was revealed in a variety of ways, for example when he permitted the artistic innovations developed in his own institute to be presented to the public only in controlled stages, or demanded from his art professors that they translated their highly individual concepts and viewpoints into a pedagogical concept and so created general transparency. Exhibitions served as forms of external representation of the Bauhaus; these were publicly effective presentations of artistic results as well as products with experimental character, not least in order to convince the public of the individualists' suitability for »civilisation« (Brüning 1995, Hemken 1995, Pehnt 2009, Rössler 2009). The Bauhaus exhibition of 1923 initiated a series of shows of achievement of this kind, which experienced their high point with the **Section allemande** in Paris in 1930. In addition, the performances of the Bauhaus stage group were regarded as outstanding social events. Here, the general motto of the Dessau Bauhaus **art and technology—a new unity** was visualised at the same time: in an extremely aesthetic way, the rod dance, the metal dance, or the Triadic Ballet conveyed the category »abstraction«, the attractiveness of industrial materials, and the fascination of a new beginning. The institute's own series of publications was also of considerable importance. During its existence, it presented evidence that the Bauhaus was not an exotic assembly of misfits but a team of outstanding artists. Here, they gave an account of their artistic and pedagogical concepts. The degree of self-explanation is so accentuated in places that some books can even be read as »instruction manuals« for modern art. Ultimately, we are concerned here with an ingeniously developed, permanent advertising strategy that had already become evident on the occasion of the Bauhaus exhibition in 1923: the wealth of exhibits, the massive poster presence, the numerous activities of the Bauhaus week, the experimental house »Haus am Horn«,

Abb. 2: **Joost Schmidt:
Bauhaus Plakat, 1923**

Fig. 2: Joost Schmidt:
Bauhaus poster, 1923

war die hauseigene Buchreihe. Zu Lebzeiten trat sie den Beweis an, dass das Bauhaus keine exotische Versammlung von Eigenbrötlern ist, sondern ein Zusammenfinden von herausragenden Künstlern. Sie legten Rechenschaft über ihre künstlerischen wie pädagogischen Konzepte ab. Der Selbsterklärungsgrad ist teilweise derart hoch, dass sich einige Bücher sogar als »Bedienungsanleitungen« für moderne Kunst lesen lassen. Schließlich ist es eine ausgefeilte dauerhafte Werbestrategie, die bereits 1923 anlässlich der Bauhausausstellung sichtbar wurde: Die Fülle der Exponate, die massive Plakatpräsenz, die zahlreichen Aktivitäten der Bauhauswoche, das Versuchshaus »Haus am Horn« und die Entwicklung eines eigenen Logos waren die sichtbaren Signale an die Öffentlichkeit, dass sich das Bauhaus nur kurz nach seiner Gründung scheinbar zu einer homogenen Avantgardeschmiede formiert hatte. Eine Suggestion, die noch nach seiner Schließung in Berlin anhalten sollte. ¶ Diese Arbeitsfelder der Selbstinszenierung waren nicht nur bloßes Beiwerk einer hauseigenen Marketingabteilung, sondern programmatischer Teil des Bauhauses insgesamt. Die Voraussetzung hierfür ist die Etablierung einer Kunstöffentlichkeit heutigen Zuschnitts, wie sie sich im Verlauf des 19. Jahrhunderts besonders in Paris herausgebildet hatte. Das Wirken des Bauhausdirektors lässt sich schließlich als Indiz für einen Wandlungsprozess vom Konstellativen zum Normativen lesen, wie es nicht nur mit dem Namen Hannes Meyer verbunden ist. Vielmehr ist dieser Prozess bereits bei Gropius angelegt und mit dem Fortgang der Moderne im Allgemeinen verbunden. Denn Gropius strebte offenkundig danach, die verschiedenen Innovationen in der Formalästhetik und Konzeption, wie sie Künstlerpersönlichkeiten wie etwa Kandinsky, Itten oder Schlemmer bereits vor ihrer Tätigkeit am Bauhaus entwickelt hatten, als genuine Leistungen des Bauhauses darzustellen. So wird bis zum heutigen Tage das Triadische Ballett von Schlemmer fälschlicherweise als Resultat seiner Tätigkeit am Bauhaus gewertet. Würde es sich bei dem Bauhaus um einen mehr oder weniger losen Verbund von Künstlern im Sinne einer Künstlergruppe handeln, so wäre dies kein Beinbruch. Doch der Umstand, dass es sich um eine öffentlich-rechtliche Institution handelte, deren Mitglieder Dienstverträge mit Verpflichtungen unterschrieben haben und ein festes Gehalt inklusive Atelierräume bezogen, verleiht dieser Zuschreibung einige Brisanz. Wenn überdies in der Buchreihe des Bauhauses auch Vertreter anderer künstlerischer Positionen wie Kasimir Malewitsch, Piet Mondrian oder Albert Gleizes zu Wort kommen, dann kann der

and the development of a logo of its own were visible signals to the public that the Bauhaus had evidently formed into a homogeneous workshop of the avant-garde only shortly after its foundation. This was a suggestion that would endure even after its closure in Berlin. ¶ These spheres of self-staging were not mere padding emerging from the institution's internal marketing department, but also a programmatic aspect of the Bauhaus as a whole. The prerequisite to this was the establishment of an art public with today's format, like that which had developed in Paris in particular during the course of the nineteenth century. Ultimately, the Bauhaus director's impact can be interpreted as an indication of the process of change from an emerging constellation to the normative, as linked—but not only—with the name Hannes Meyer. In fact, this process was set out by Gropius and can be linked to the progress of modernity in general: Gropius quite clearly strove to present the various innovations in formal aesthetics and conception—which had already been developed by artist personalities such as Kandinsky, Itten, or Schlemmer before their activities at the Bauhaus—as genuine achievements of the Bauhaus. Up to the present day, for example, Schlemmer's **Triadic Ballet** is always mistakenly judged to be a result of his activity at the Bauhaus. If the Bauhaus had constituted a more or less loose association of artists in the sense of an artists' group, this would not be such a serious matter. However, the attribution develops a more sensational aspect when one considers that it was a publicly run institution, the members of which had signed contracts of employment involving specified duties and were receiving a fixed salary including studio space. When representatives of different artistic positions such as Kasimir Malevich, Piet Mondrian, or Albert Gleizes also had a say in the series of Bauhaus publications, the suspicion is justified that here Gropius was not just concerned with an act of solidarity in the service of modern art, but that his actions were also part of a marketing strategy. The Bauhaus envisioned itself at the forefront of the art movement in the whole of Europe. ¶ This context may be clarified to some extent by taking a look at art projects from the early and later periods of the history of the Bauhaus: first, the launch of a competition for a poster to mark the Bauhaus exhibition in 1923 and later the exhibition of the German Werkbund in Paris or the »Room of the Present Day« in Hanover (both 1930). Both document Gropius's striving for a leading position within the classic avant-garde. ¶ The design by Joost Schmidt for a poster advertising the aforementioned first

Verdacht gehegt werden, dass es Gropius hier nicht nur um einen solidarischen Akt im Dienste der modernen Kunst ging, sondern es auch Teil einer Marketingstrategie darstellt, die sich an der Spitze der Kunstbewegung in ganz Europa wähnt. ¶ Ein Blick auf ein Kunstprojekt aus der Frühzeit und Spätzeit der Bauhausgeschichte mag diesen Zusammenhang veranschaulichen. Zunächst ist es die Auslobung eines Wettbewerbs zum Plakat anlässlich der Bauhausausstellung von 1923 und im Anschluss die Ausstellung des Deutschen Werkbundes in Paris bzw. der »Raum der Gegenwart« in Hannover (beide 1930), die das Streben von Gropius nach einer Vorrangstellung innerhalb der klassischen Avantgarde dokumentieren. ¶ Prägnant, aber nicht unbedingt innovativ erscheint der Entwurf von Joost Schmidt, den dieser für das Plakat zur bereits erwähnten ersten Bauhausausstellung in einem internen Wettbewerb vorgelegt hatte. Eine flächenbetonte Diagonalfigur legt sich bildbeherrschend über ein Hochformat. Die kompakte Verdichtung von schwarzen, grauen und roten Flächen sowie punktuellen Lineaturen drängt die wenigen Worte und Zahlen geradezu in den Hintergrund, sie werden quasi in einem Konstrukt aus Geometrien geduldet, obgleich sie als Informationsträger die eigentlich relevanten Daten zur Orientierung der potenziellen Ausstellungsbesucher bereithalten. Auffällig ist die stilisierte Silhouette eines menschlichen Kopfes, die aus der Hand des Bauhausmeisters Oskar Schlemmers stammt. Es ist überliefert, dass seitens der Auslober dieses schematisierte Profil in die Plakatgestaltung integriert werden musste. So tritt das Bauhaussignet in allen bekannten Entwürfen in unterschiedlicher Weise in Erscheinung. Betont Schmidt auch die Flächigkeit, wählt

eine geometrisch-abstrakte Formensprache und dynamisiert die Bildfläche durch eine Diagonalkomposition, so leugnet er doch nicht seine Herkunft aus der Malerei. Der Plakatkünstler gestaltet nicht aus dem Blickwinkel der Typografie, das heißt einer wohlfeilen Organisation von Schrift und Bild im Dienste der Informationsübermittlung, sondern aus einem künstlerischen Streben, mittels der Bildsprache weitergehende Sinngehalte zu transportieren. Dabei war es nur konsequent, wenn Schmidt als

Bauhaus exhibition, which he presented in an internal competition, appears incisive but not necessarily innovative. An emphatically two-dimensional diagonal figure is set across a vertical format, dominating the image. The compact concentration of black, grey, and red areas as well as punctuated lines forces the few words and numbers somewhat into the background; they are seemingly tolerated in a construct of geometries, although as bearers of information they include the data that was actually relevant for the orientation of potential exhibition visitors. Originating from the hand of Bauhaus master Oskar Schlemmer, the stylised silhouette of a human head is very striking. We know that the competition organisers stipulated the integration of this schematic profile into the poster designs. In this way, the Bauhaus emblem appeared in all the known designs, albeit in varying ways. Although Schmidt emphasises his design's two-dimensionality, chooses a geometric-abstract formal language and adds dynamism to the picture area by means of a diagonal composition, he still does not deny his origins in painting. The poster artist did not design his work from a typographical perspective; that is, employ a trite organisation of lettering and image in order to transmit information. His poster develops from an artistic striving to transport further-reaching significance by means of the pictorial language. It was only consistent in this case when Schmidt placed his signature in the top right hand corner as a counterpoint within the overall design and so presented himself as an artist individual, incorporating the romanticism of craftsmanship. ¶ In contrast to Schmidt, Fritz Schleifer employs his poster design to detach himself from any reference to painting at all—unless one could sug-gest the Dutch De-Stijl group with its neo-plastic aesthetics as an inspiration. Schlemmer's Bauhaus emblem is placed in a defining position on the large-format poster, while the lettering asserts itself with sovereignty in the lower pictorial field, apparently as a »base« line of information. The overall impression is additive; that is, all the pictorial elements have an effect as originally independent units, which have been assembled into an overall configuration. By contrast, Schmidt proceeds in a subtractive manner by opening up a previously closed formation to the sur-

Abb. 3: **Fritz Schleifer: Bauhausplakat, 1923**

Fig. 3: Fritz Schleifer: Bauhaus poster, 1923

Kontrapunkt der Großformation sein Signet in der rechten oberen Ecke platziert und sich damit als Künstlerindividuum inklusive Handwerkerromantik ausgibt. ¶ Im Gegensatz zu Schmidt löst sich Fritz Schleifer mit seiner Plakatgestaltung von jedweden Anspielungen auf die Malerei – es sei denn, die niederländische De-Stijl-Gruppe mit ihrer neoplastizistischen Ästhetik kann als Patin angeführt werden. Das Schlemmersche Bauhaussignet wird bildbestimmend auf dem großformatigen Plakat positioniert, während sich die Schrift souverän im unteren Bildfeld, gewissermaßen als »sockelnde« Informationszeile, behaupten kann. Der Gesamteindruck ist additiv, das heißt alle Bildelemente wirken als ursprünglich selbstständige Einheiten, die zu einer Großfiguration zusammengefügt werden. Schmidt hingegen verfährt subtraktiv, wenn er eine vormals geschlossene Formation zur umgebenden Fläche öffnet. Während bei Schleifer die unbedruckten, motivfreien Bildflächen zu einem aktiven Faktor der Wirkung erwachsen, zählt bei Schmidt das Figur-Grund-Muster und degradiert die Bildfläche zu einer passiven Entität. ¶ Die Beweggründe Schmidts, eine solche anthropomorphe Gestaltung einzureichen, gehen wohl auf den Einfluss von Oskar Schlemmer zurück, der zu diesem Zeitpunkt sein Lehrer gewesen ist.[1] In der Gestaltung Schmidts spiegelt sich das zentrale Thema Schlemmers, der den menschlichen Körper nicht nur als Ausgangspunkt von ästhetischen Lösungen betrachtete: Die menschliche Physiologie war für ihn Sinnbild und Spiegelung metaphysischer Gehalte.[2] Mit seiner Vorstellung vom Menschen als einem »kosmischen Wesen« überhöht Schlemmer jene historischen Vorläufer, die – wie im Falle von Albrecht Dürer – den Menschen zwar als zentralen Orientierungspunkt einer Proportionslehre erachteten, doch – dem Kunstbegriff der Neuzeit verpflichtet – den Menschen keineswegs jene Nobilitierung durch kosmische Übersteigerung zukommen lassen wollten. Als Künstler der Moderne ist Schlemmer jenem Künstlertypus zuzurechnen, der in der Malerei eine intellektuelle, gewissermaßen Weltanschauung transportierende Disziplin sah. Gemessen an den Bestrebungen des Bauhauses im Jahr 1923, die eine Fusionierung von Kunst und Technik vorsahen, muss man rückblickend den Eindruck gewinnen, als wolle Schlemmer seiner Avantgardeinstitution, insbesondere in Zeiten einer konzeptionellen Orientierung, eine metaphysische Richtung angedeihen lassen. Die bloße Ausrichtung des künstlerischen Schaffens auf die Belange der Industriekultur müssen einen Metaphysiker beunruhigt haben. Sein überdurchschnittliches Engagement bei den Vorbereitungen der Bauhausausstellung,

rounding space. In Schleifer's work the unprinted picture areas, free of motifs, develop into an active factor in the poster's impact, whereas in Schmidt's design the figure-background pattern is what counts—degrading the picture area to a passive entity. ¶ In all probability, Schmidt's motivation to submit such an anthropomorphic design can be traced to the influence of Oskar Schlemmer, who was his teacher at that time.[1] Schlemmer's central theme is mirrored in Schmidt's design; the former viewed the human body as more than just the starting point for aesthetic solutions. He regarded the human physiology as a symbol and reflection of metaphysical content.[2] With his idea of man as a cosmic being, Schlemmer heightened the concepts of his historic predecessors who—as in the case of Albrecht Dürer—considered man the central point of orientation in a doctrine of proportions, but—committed to the art concept of the new age—certainly did not wish to ennoble mankind through any cosmic exaggeration. As a modernist artist, Schlemmer should be categorised as the type of artist who saw an intellectual discipline in painting, to some extent one that conveyed a **weltanschauung**. Measured against the efforts of the Bauhaus in 1923, which envisaged a fusion of art and technology, in retrospect one inevitably gains the impression that Schlemmer wanted his avant-garde institution, especially in an age of conceptual orientation, to adopt a metaphysical direction. The simple orientation of creative artistic work towards the concerns of an industrial culture must have been disquieting for a metaphysic. His unusual commitment to the preparations for the Bauhaus exhibition, including an extended presentation of his own artistic works, may serve as an indication that Schlemmer wished to contribute to the Bauhaus's »company philosophy« in face of threatening economisation. His college's orientation towards industry and commerce called upon him as a painter-metaphysic to lend a human face to such aims. The fact that Schlemmer chose a human face as the emblem of the Bauhaus, and also maintained his own artistic activities in this style—e.g., in the Bauhaus stage group, mural design, and painting—is an expression of a painter-philosopher attempting to assert himself within a culture and an institution backing the rise of technology and rationality. At that time, the Bauhaus was struggling for internal homogeneity, seeking to commit each member of the academy conceptually. At the time such efforts were more constellating, since trust was placed in voluntary agreement and the hope was that stable consensus could be achieved via opinion-forming processes. The move to

inklusive einer ausgedehnten Präsentation eigener künstlerischer Arbeiten, mag als Indiz dienen, dass Schlemmer dem Bauhaus angesichts einer drohenden Ökonomisierung eine Firmenphilosophie beigeben wollte. Eine Ausrichtung seiner Kunsthochschule auf Industrie und Wirtschaft ruft ihn als Maler-Metaphysiker auf, diesen Zielen ein menschliches Antlitz zu verleihen. Dass Schlemmer das menschliche Konterfei als Bauhaussignet wählte, in diesem Stile auch seine künstlerischen Aktivitäten etwa bei der Bauhausbühne, der Wandgestaltung und der Malerei hielt, ist Ausdruck eines Maler-Philosophen, der sich in einer

auf Technisierung und Rationalität setzenden Kultur und Institution zu behaupten sucht. Zu diesem Zeitpunkt rang das Bauhaus noch innerbetrieblich um eine Homogenität, die jedes Mitglied der Akademie konzeptionell zu verpflichten suchte. Solcherlei Bestrebungen waren zu diesem Zeitpunkt eher konstellativ, denn man setzte auf ein freiwilliges Mitmachen und erhoffte sich einen tragfähigen Konsens über Prozesse der Meinungsbildung. Mit dem Umzug nach

Dessau verschärfte sich allerdings diese Tendenz, die sich formalästhetisch wie programmatisch beobachten lässt. Indiz für diese Entwicklung ist die sogenannte Wesensforschung, wie sie Gropius 1925 in seiner Erläuterung der Grundsätze der Bauhausproduktion entwickelt. Es geht hier um die optimale Gestaltung eines Serienproduktes aus dem Wesen des Objektes heraus: »Um ein Ding zu gestalten, daß es richtig ›funktioniert‹, ein Gefäß, einen Stuhl oder ein Haus, müssen wir sein Wesen vorher erforscht haben. Diese Wesensforschung ist nicht nur an die Gesetze der Mechanik, Statik, Optik, Akustik gebunden, sondern

auch an die Gesetze der Proportion. Die Proportion ist eine Angelegenheit der geistigen Welt, Stoff und Konstruktion erscheinen als ihre Träger. Die Proportion gebunden an die Funktion des Dinges, sagt über sein Wesen aus; ja, es gibt ihm die Spannung, das eigene geistige Leben über seinen Nützlichkeitswert hinaus.« (Gropius 1925: 95) Des Weiteren eröffnet Gropius sein Grundverständnis von Individualität, wie es sich besonders im Künstlerisch-Gestalterischen abzeichnet: Demnach gelte es, die Individualität als Form der Beschränkung abzulegen und stattdessen jener Erkenntnis breiten Raum zu gewähren, die den Einzelnen als Werkzeug, als Medium seiner Zeit betrachtet. Individuelle Handlungs-

Dessau, however, sharpened this tendency so that it could be observed in formal-aesthetic and programmatic terms. An indication of this development was the so-called research into the nature of objects, which Gropius developed in his elucidation of the fundamentals of Bauhaus production in 1925. This concerned the optimal design of a serial product arising from the nature of the objects itself: »In order, then, to design an object to function correctly—a container, a chair, or a house—one must first of all study its nature: for it must serve its purpose perfectly. This study of the nature of objects does not depend solely on me-

chanical, static, optical, or acoustic laws, but also on the laws of proportion. Proportion is a concern of the spiritual world; material and construction are manifest as its carriers. Proportion bound to the function of an object reveals its nature; it gives it a tension, its own spiritual life above and beyond usefulness« (Gropius 1925: 95). In addition, Gropius discloses his basic understanding of individuality, as revealed in the work of art and design in particular: according to this notion, the aim

Abb. 4: **Herbert Bayer:**
Entwurf für Werkbund-Ausstellung
Paris, 1930

Fig. 4: Herbert Bayer:
design for the Werkbund exhibition
in Paris, 1930

was to divest oneself of individuality as a form of limitation and instead accept the insight that the individual is an instrument, a medium of his age. Individual strategies of action are viewed as tendentious and imperfect, and only the individual's permeability to the achievements of the dominant **zeitgeist** (not fashion!) can set the right direction for optimal design work. ¶ Gropius pointed to science (ergonomics, engineering, and natural sciences) as the provider of ironclad laws of design, which the individual cannot evade—however much he or she strives for a self-determined design.[3] By pointing to an autonomous set of design rules,

which he himself claims to have discovered, Gropius placed himself at the forefront of modern design, modern architecture, and art. After all, he is the herald, the discoverer, and the propagandist of this universally valid matrix of design. Following such supposedly binding rules legitimises him qua his personal declaration as a first-class architect, artist and designer, completely unrivalled by the avant-garde artists of, for example, International Style. This was clear some years later when Gropius set about curating the department **Section Allemande** in the exhibition of the Société des Artistes Décorateurs Français in Paris in 1930. (Driller 2002, Hemken 1994, Hemken 1995) The German Werkbund had requested that the

Abb. 5: **László Moholy-Nagy:**
Entwurfsskizze, Werkbund-
Ausstellung Paris, 1930

Fig. 5: László Moholy-Nagy:
design sketch,
Werkbund exhibition
in Paris, 1930

strategien werden als geschmäcklerisch und unvollendet betrachtet, erst eine Durchlässigkeit des Individuums für das Streben des herrschenden Zeitgeistes (nicht Mode!) stelle die Weichen für eine optimale Gestaltungsarbeit. ¶ Gropius verweist auf die Wissenschaft (Ergonomie, Ingenieur- und Naturwissenschaften) als Lieferantin von ehernen Gestaltungsgesetzen, denen sich auch das Individuum nicht entziehen kann – so sehr es auch nach selbstbestimmter Entwurfsarbeit strebt.[3] Mit dem Verweis auf ein autonomes Regelwerk der Gestaltung, das Gropius entdeckt haben will, setzt er sich an die Spitze des modernen Designs, der modernen Architektur und Kunst. Ist er doch der Vorreiter, der Entdecker und Propagandist dieser allgemeingültigen Gestaltungsmatrix. Das Befolgen solcherlei mutmaßlich verbindlicher Regeln legitimiert ihn qua eigenhändiger Deklaration als Architekt, Künstler und Designer ersten Ranges, dem auch die Avantgardisten etwa des International Style nicht das Wasser reichen können. Dies zeigt sich einige Jahre später, als Gropius sich anschickte, die Abteilung Section Allemande in der Ausstellung der Société des Artistes Décorateurs Français 1930 in Paris zu kuratieren. (Driller 2002, Hemken 1994, Hemken 1995) Der Deutsche Werkbund hatte den ehemaligen Bauhausdirektor gebeten, die Leistungen der modernen deutschen Industrie, der Architek-tur und des Designs einer internationalen Öffentlichkeit zu präsentieren. Dass dem Bauhaus auf dieser Ausstellung einiger Stellenwert beigemessen wurde, ist nicht verwunderlich. Das Gesellschaftshaus, die moderne Bauhausbühne, die Architekturpräsentation oder die Schauräume mit Beispielen des Produktdesigns lassen keinen Zweifel aufkommen, dass das Bauhaus eine Führungsrolle in der Ästhetik der Industriekultur einzunehmen gedachte. ¶ Der zunächst eher konstellative Charakter der Pionierzeit des Bauhauses, der einen Wettstreit der Avantgardisten erkennen lässt, das Bauhaus jedoch noch in einem Findungsprozess verortet, erwächst im Laufe der 1920er Jahre zu einer normgebenden Struktur, in der sich das Bauhaus als höchste Instanz in Szene setzt. Dieses Streben gipfelte in dem sogenannten Raum der Gegenwart, den der Oberkustos am Provinzialmuseum Hannover (heute Landes-

former Bauhaus director present the achievements of modern German industry, architecture, and design to an international public. It seems hardly astonishing that the Bauhaus was given some status at this exhibition. The society house, the modern Bauhaus stage, the presentation of architecture, or the showrooms with examples of product design meant that there could be no doubt of the Bauhaus's intention to take a leading role in the aesthetics of industrial culture. ¶ Over the course of the nineteen-twenties, the initially rather constellating character of the Bauhaus's pioneering years, which enables us to discern competition among the avant-garde artists and locates the Bauhaus in a process of finding itself, awakened into a norm-generating structure within which the Bauhaus appeared as the highest instance. This striving culminated in the so-called Room of the Present Day, which the chief curator at the Provincial Museum Hanover (today the State Museum), Alexander Dorner, wanted to set up in collaboration with Bauhaus member László Moholy-Nagy. Current and most innovative examples of design, architecture, and art were to be presented to the public alongside a report on everyday life in the Weimar Republic (e.g., technology, sport, and dance), whereby the curator's intention was to avoid originals completely and only permit reproductions as exhibits. Dorner made efforts to get hold of several Paris ex-

hibits, some of which he was also promised. However, this collaboration stopped midway— officially because of a shortage of money—and was not restarted within his lifetime.[4] Archive material relevant to the situation shows that Moholy-Nagy wished to show primarily the achievements of the Bauhaus and intended to establish the model function of the Bauhaus in the museum. ¶ The »Room of the Present Day« can be regarded as a striking indication of the Bauhaus's self-imposed aim to be considered the leading, norm-creating instance in the development of modernism within the spheres of art and culture. Something previously attributed solely to Hannes Meyer as Bauhaus director from 1928 to 1930 and publicly argued as a point of criticism, is actually no more than a direct feature of his work at the Bauhaus. The creation of norms on the foundation of science as a universally binding reg-

Abb. 6: **Rekonstruktion der Ausstellung** *Section allemande* in Paris 1930 anlässlich des 100. Gründungsjubiläums des Deutschen Werkbundes, 2007

Fig. 6: Reconstruction of the exhibition *Section allemande* in Paris 1930 to mark the 100th anniversary of the foundation of the German Werkbund, 2007

Abb. 7: **Rekonstruktion der Ausstellung** *Section allemande* in Paris 1930 anlässlich des 100. Gründungsjubiläums des Deutschen Werkbundes, 2007

Fig. 7: Reconstruction of the exhibition *Section allemande* in Paris 1930 to mark the 100th anniversary of the foundation of the German Werkbund, 2007

museum), Alexander Dorner, gemeinsam mit dem Bauhäusler László Moholy-Nagy einrichten wollte. Die aktuellen und innovativsten Beispiele des Designs, der Architektur und Kunst sollten neben einer Reportage über das Alltagsleben in der Weimarer Republik (Technik, Sport, Tanz) der Öffentlichkeit präsentiert werden, wobei der Kustos auf Originale gänzlich verzichten wollte und allein Reproduktionen als Exponate zuließ. Dorner bemühte sich um zahlreiche Pariser Exponate, die er punktuell auch zugesprochen bekam. Die Zusammenarbeit wurde jedoch mittendrin – offiziell wegen Geldmangels – gestoppt und zeitlebens nicht wieder aufgenommen.[4] Die diesbezüglichen Archivalien weisen jedoch daraufhin, dass Moholy-Nagy vornehmlich die Leistungen des Bauhauses zeigen wollte und die Vorbildfunktion des Bauhauses im Museum festzuschreiben gedachte. ¶ Der Raum der Gegenwart kann als herausragendes Indiz für die selbsterteilte Aufgabe des Bauhauses, auf dem Felde der Kunst und Kultur als normgebende Leitinstanz der Moderne-Entwicklung zu gelten, angesehen werden. Was bislang allein Hannes Meyer als Bauhausdirektor von 1928 bis 1930 zugedacht war und als Kritikpunkt öffentlich ausgefochten wurde, ist bei dem Schweizer lediglich ein direktes Merkmal seiner Arbeit gewesen. Die Normgebung auf dem Boden der Wissenschaft als allgemeinverbindliche Regulie-

rung von Kunst und Kultur ist bereits bei Gropius erkennbar, jedoch nicht als programmatische Leitlinie vernehmbar. Die ehernen Gesetze, die Gropius noch 1919 für seine Moderne-Akademie aus den Sphären Mystizismus, Religion und Tradition entlieh, wurden am Dessauer Bauhaus unversehens durch Wissenschaft und Industrieproduktion ersetzt. In gleichem Atemzug fand jedoch eine Trennung von Moderne und Modernisierung statt, wie sie Jürgen Habermas in einem anderen Zusammenhang beschreibt und wie sie als Erklärung dafür dienen könnte, warum das Bauhaus bis heute den Status eines Mythos für sich in Anspruch nehmen kann. (Habermas 1988, von Graevenitz 1999, Herremanns/Thums 2003) ¶ Das Bauhaus machte sich damit zum Trendsetter einer bereits andauernden Entwicklung, die die Industrialisierung und Ökonomisierung sowie die Rationalisierung aller Lebenssphären insgesamt als autonome Größen interpretiert. Ein solcher Modernisierungsprozess sieht nicht mehr eine Rückversicherung bei den Grundprämissen der Moderne

ulation of art and culture can be discerned even in Gropius' period of office, although it was not perceptible as a programmatic guideline. The iron rules—which Gropius had borrowed from the spheres of mysticism, religion, and tradition for his academy of modernism in 1919—were suddenly replaced by science and industrial production at the Bauhaus in Dessau. In the same breath, however, a separation between modernity and modernisation took place, as described by Jürgen Habermas in a different context. This could also help to explain why the Bauhaus, even to the present day, can lay claim to mythical status (Habermas 1988, von Graevenitz 1999, Herrmanns/Thums 2003). ¶ In this way, the Bauhaus made itself into the trend-setter of an already progressing development, which interpreted industrialisation and economisation and the rationalisation of all spheres of life as autonomous dimensions. Such a process of modernisation no longer envisaged reassurance in the basic premises of modernity; the sole orientation in view was the perfect realisation of autonomous rules of technology, science, industrial production, and business. Walter Gropius propagated such detachment of modernisation from its starting point in modernity implicitly, as the matrix of his concept. This becomes clear among other things from what was known as »research into the nature of objects« and the resultant pictorial and object aesthetics

Abb. 8: **Ernst Jäckh:**
Die Neue Zeit, 1929, Schaubild zur
Themengliederung des Ausstellungsprojektes
des Deutschen Werkbundes, Köln 1932

Fig. 8: Ernst Jäckh:
Die Neue Zeit (The New Age), 1929,
diagram showing the thematic division of the
exhibition project by the German Werkbund,
Cologne 1932

(Kegler 1995, Schwartz 2009, Hemken 2008). The aim was for the Bauhaus's aesthetics to be utilised universally in all fields of art and design and so visualise the general validity of overall modernisation at the same time. If this is the case, the myth of Bauhaus cannot be understood as the consequence of a clever advertising strategy alone (von Beyme 2009, von Beyme 2009a, Wagner 2009, Nerdinger 1994). Far more, it emerges that a number of cultural-artistic processes that had already been continuing for some time flowed together in the Bauhaus concept and, concentrated in this way, they visualised and radically advanced a development worthy of criticism—from today's standpoint. From this perspective, the criticism practised by contemporaries and in the course of the Bauhaus debate of 1953 is understandable; it is true that it was aimed predominantly at the rigid rules of design dictated by the Bauhaus as universally valid, but ultimately it referred to the overall understanding of modernity at the Bauhaus. The myth of the Bauhaus, a fasci-

vor, sondern hat als einzige Orientierung den perfekten Vollzug von autonomen Regeln der Technik, Wissenschaft, Industrieproduktion und Wirtschaft vor Augen. Eine solche Entkopplung der Modernisierung von ihrem Ausgangspunkt, der Moderne, propagierte Walter Gropius implizit als Matrix seines Konzeptes, wie es unter anderem an der sogenannten Wesensforschung und der daraus resultierenden Bild- und Objektästhetik deutlich wird. (Kegler 1995, Schwartz 2009, Hemken 2008) Die Bauhausästhetik sollte universalistisch in allen Bereichen der Kunst und Gestaltung Anwendung finden und versinnbildlichte damit zugleich die Allgemeingültigkeit der Modernisierung insgesamt. So wäre der Mythos Bauhaus nicht allein einer geschickten Werbestrategie geschuldet (von Beyme 2009, von Beyme 2009a, Wagner 2009, Nerdinger 1994) Vielmehr zeigt sich, dass im Bauhauskonzept eine Reihe von bereits seit geraumer Zeit andauernden kulturell-künstlerischen Prozessen in einem Punkt zusammenlaufen und in solch einer Konzentration eine aus heutiger Sicht kritikwürdige Entwicklung veranschaulichten und in eine Radikalität überführten. Aus diesem Blickwinkel wird die Kritik, die von Zeitgenossen und im Zuge der Bauhausdebatte von 1953 geübt wurde, verständlich, die zwar vornehmlich die rigiden Regeln der Gestaltung, wie sie das Bauhaus allgemeingültig diktierte, im Visier hatte, doch letztlich das Moderneverständnis des Bauhauses insgesamt betraf. In der Radikalität von Programm und Ästhetik, die auf die Gretchenfrage der Moderne verweist, liegt die bis heute andauernde Faszination des Mythos Bauhaus offenbar begründet.

Anmerkungen

| 1 Schlemmer war bei der Vorbereitung der Abteilung Malerei und Plastik organisatorisch sowie kuratorisch federführend und konnte – gemessen an den Pressestimmen – auf der Ausstellung die wohl imposanteste Darbietung von Werken dieser Gattungen vorweisen. Vgl. Brüning 1995 | 2 Schlemmer, Oskar: »Der Mensch. Unterricht am Bauhaus. Nachgelassene Aufzeichnungen. Redigiert, eingeleitet und kommentiert von Heimo Kuchling« 1969 | 3 Führungsanspruch und Zugriff auf das allgemeingültige Design sind historisch gesehen keine Einzelphänomene, wenn vor dem Bauhaus die Wiener Secession die Rückkehr zur Wahrhaftigkeit in Kunst und Kultur verlangte und alle großbürgerlichen Haushalte – denn die konnten sich das leisten – mit »wahrhaftigen« Möbeln, Gebrauchsgegenständen und Architektur ausstatten wollte. Wahrhaftigkeit, Reinheit, Homogenität

nation that continues even today, is obviously based on the radical nature of its programme and aesthetics, which highlight the crucial question of modernity.

Notes

| [1] Schlemmer was the organiser and curator in charge of preparations in the painting and sculpture department and—to judge from the press response—he succeeded in showing the most impressive works of those genres at the exhibition. Cf. Brüning 1995 | [2] Schlemmer, Oskar: »Der Mensch. Unterricht am Bauhaus. Nachgelassene Aufzeichnungen. Redigiert, eingeleitet und kommentiert von Heimo Kuchling« 1969. | [3] Seen in historical terms, the claim to leadership and development of universally valid design is not an isolated phenomenon; before the Bauhaus, the Vienna Secession, for example, demanded a return to authenticity in art and culture and sought to equip all bourgeois households—for they could afford it—with »authentic« furniture, functional objects, and architecture. Authenticity, purity, and homogeneity were grand words, which were secularised later at the Bauhaus and reappeared as research into the nature of objects under the dictates of science | [4] The »Room of the Present Day« was reconstructed by Jakob Gebert and this author in 2009, with support from Hattula Moholy-Nagy, among others. On this, cf. Gebert/Hemken 2009.

References

| Driller, Joachim: »Bauhäusler zwischen Berlin und Paris: Zur Planung und Einrichtung der ›Section Allemande‹ in der Ausstellung der Société des Artistes Décorateurs Français 1930«. In: Ewig, Isabelle/Gaetghens Thomas W./Noell, Matthias (eds.): *Das Bauhaus und Frankreich 1919–1940*, Berlin 2002 | Gebert, Jakob/Hemken, Kai-Uwe: »Die Ordnung der Apparate und Exponate. Die Rekonstruktion des Raums der Gegenwart«. In: Gärtner, Ulrike/Hemken, Kai-Uwe/Schierz, Kai Uwe (eds.): *Kunstlichtspiele. Lichtästhetik der Klassischen Avantgarde*. Exhib. cat. Kunsthalle Erfurt. Paderborn 2009, pp. 138–155 | Gropius, Walter: »Grundsätze der Bauhausproduktion« (1925). In: Probst, Hartmut/Schädlich, Christian (eds.): *Walter Gropius*. Ausgewählte Schriften, Vol. 3, Berlin 1988, pp. 93–96 | Habermas, Jürgen: *Der philosophische Diskurs der Moderne*. Frankfurt am Main 1988 | Hemken, Kai-Uwe: »Die Zukunft im Räderwerk der Harmonie. Utopievorstellungen zweier Werkbund-Ausstellungen im Jahre 1930« (1994). In: *Zeitschrift für Ästhetik und allgemeine Kunstwissenschaft*. Volume 93/1, Hamburg 1994, pp. 79–90 | Hemken, Kai-Uwe: »Guillotine der Dichter. Ausstellungsdesign am Bauhaus« (1995). In: Brüning, Ute (ed.):

waren Großvokabeln, die späterhin beim Bauhaus säkularisiert wurden und unter dem Diktum der Wissenschaft als Wesensforschung erneut in Erscheinung traten. | [4] Der Raum der Gegenwart wurde 2009 von Jakob Gebert und dem Autor mit Unterstützung von unter anderem Hattula Moholy-Nagy rekonstruiert. Vgl. hierzu Gebert/ Hemken 2009.

Literatur

| Driller, Joachim: »Bauhäusler zwischen Berlin und Paris: Zur Planung und Einrichtung der ›Section Allemande‹ in der Ausstellung der Société des Artistes Décorateurs Français 1930«. In: Ewig, Isabelle/Gaetghens Thomas W./Noell, Matthias (Hg.): *Das Bauhaus und Frankreich 1919–1940*, Berlin 2002 | Gebert, Jakob/Hemken, Kai-Uwe: »Die Ordnung der Apparate und Exponate. Die Rekonstruktion des Raums der Gegenwart«. In: Gärtner, Ulrike/Hemken, Kai-Uwe/Schierz, Kai Uwe (Hg.): *Kunstlichtspiele. Lichtästhetik der Klassischen Avantgarde.* Ausst-Kat. Kunsthalle Erfurt. Paderborn 2009, S. 138–155 | Gropius, Walter: »Grundsätze der Bauhausproduktion« (1925). In: Probst, Hartmut/Schädlich, Christian (Hg.): *Walter Gropius. Ausgewählte Schriften*, Bd. 3, Berlin 1988, S. 93–96 | Habermas, Jürgen: *Der philosophische Diskurs der Moderne.* Frankfurt am Main 1988 | Hemken, Kai-Uwe: »Die Zukunft im Räderwerk der Harmonie. Utopievorstellungen zweier Werkbund-Ausstellungen im Jahre 1930« (1994). In: *Zeitschrift für Ästhetik und allgemeine Kunstwissenschaft.* Band 93/1, Hamburg 1994, S. 79–90 | Hemken, Kai-Uwe: »Guillotine der Dichter. Ausstellungsdesign am Bauhaus« (1995). In: Brüning, Ute (Hg.): *Das A und O des Bauhauses. Bauhauswerbung: Schriftbilder, Drucksachen, Ausstellungsdesign.* Ausst.-Kat. Bauhaus-Archiv Berlin. Leipzig 1995 | Hemken, Kai-Uwe: »Bioskopisches Sehen – rhizomatischer Blick. Das ›Neue Sehen‹ als Indiz moderner Wahrnehmung« (2008). In: Bruhn, Matthias/Hemken, Kai-Uwe (Hg.): *Modernisierung des Sehens. Sehweisen zwischen Künsten und Medien.* Bielefeld 2008, S. 141–156 | Herrmanns, Britta/Thums, Barbara (Hg.): *Ästhetische Erfindung der Moderne? Perspektiven und Modelle 1750–1850.* Würzburg 2003 | Kegler, Harald: »Fordismus und Bauhaus« (1995). In: Stiftung Bauhaus Dessau/Rheinisch-Westfälische Technische Hochschule Aachen: *Zukunft aus Amerika. Fordismus in der Zwischenkriegszeit. Siedlung Stadt Raum.* Dessau 1995, S. 344–362 | Nerdinger, Winfried: »Das Bauhaus zwischen Mythisierung und Kritik« (1994). In: Conrads, Ullrich/Droste, Magdalena/Nerdinger, Winfried/Strohl, Hilde (Hg.): *Die Bauhaus-Debatte 1953. Dokumente einer verdrängten Kontroverse.* Wiesbaden 1994, S. 7–19 | Pehnt, Wolfgang: »Genies der Selbstdarstellung« (2009). In: *Frankfurter Allgemeine Zeitung*, 11. April 2009 | Rössler, Patrick: *bauhauskommunikation. Innovative Strategien im Umgang mit Medien, interner und externer Öffentlichkeit.* Berlin 2009 | Schwartz, Frederic J.: »Funktionalismus heute: Adorno, Bloch und das Erbe des Modernismus in der BRD« (2009). In: Baumhoff, Anja/Droste, Magdalena (Hg.): *Mythos Bauhaus. Zwischen Selbsterfindung und Enthistorisierung.* Berlin 2009, S. 315–336 | Von Beyme, Klaus: »Die Bauhausmoderne und ihre Mythen« (2009). In: Baumhoff, Anja/Droste, Magdalena (Hg.): *Mythos Bauhaus. Zwischen Selbsterfindung und Enthistorisierung.* Berlin 2009, S. 337–356 | Von Beyme, Klaus: »Bauhaus – Internationalisierung und Globalisierung« (2009). In: Bauhaus-Archiv Berlin Museum für Gestaltung/Stiftung Bauhaus Dessau/Klassik Stiftung Weimar (Hg.): Modell Bauhaus. Ostfildern 2009, S. 351–354 | Von Graevenitz, Gerhard (Hg.): *Konzepte der Moderne.* Stuttgart/Weimar 1999 | Wagner, Christoph: »Ist die Moderne unsere Antike? Nachlese zur Mythenbildung in der Bauhaus-Rezeption« (2009). In: Baumhoff, Anja/Droste, Magdalena (Hg.): *Mythos Bauhaus. Zwischen Selbsterfindung und Enthistorisierung.* Berlin 2009, S. 17–34 | Westheim, Paul: *Bemerkungen zur Quadratur des Bauhauses* (1923). Zitiert nach: Nerdinger 1994, S. 9 | Wingler, Hans M. (Hg.): *Neue Bauhausbücher.* Mainz/Berlin 1969

Das A und O des Bauhauses. Bauhauswerbung: Schriftbilder, Drucksachen, Ausstellungsdesign. Exhib. cat. Bauhaus-Archiv Berlin. Leipzig 1995 | Hemken, Kai-Uwe: »Bioskopisches Sehen – rhizomatischer Blick. Das ›Neue Sehen‹ als Indiz moderner Wahrnehmung« (2008). In: Bruhn, Matthias/Hemken, Kai-Uwe (eds.): *Modernisierung des Sehens. Sehweisen zwischen Künsten und Medien.* Bielefeld 2008, pp. 141–156 | Herrmanns, Britta/Thums, Barbara (eds.): *Ästhetische Erfindung der Moderne? Perspektiven und Modelle 1750–1850.* Würzburg 2003 | Kegler, Harald: »Fordismus und Bauhaus« (1995). In: Stiftung Bauhaus Dessau/Rheinisch-Westfälische Technische Hochschule Aachen: *Zukunft aus Amerika. Fordismus in der Zwischenkriegszeit. Siedlung Stadt Raum.* Dessau 1995, pp. 344–362 | Nerdinger, Winfried: »Das Bauhaus zwischen Mythisierung und Kritik« (1994). In: Conrads, Ullrich/Droste, Magdalena/Nerdinger, Winfried/Strohl, Hilde (eds.): *Die Bauhaus-Debatte 1953. Dokumente einer verdrängten Kontroverse.* Wiesbaden 1994, pp. 7–19 | Pehnt, Wolfgang: »Genies der Selbstdarstellung« (2009). In: *Frankfurter Allgemeine Zeitung,* 11 April 2009 | Rössler, Patrick: *bauhauskommunikation. Innovative Strategien im Umgang mit Medien, interner und externer Öffentlichkeit.* Berlin 2009 | Schwartz, Frederic J.: »Funktionalismus heute: Adorno, Bloch und das Erbe des Modernismus in der BRD« (2009). In: Baumhoff, Anja/Droste, Magdalena (eds.): *Mythos Bauhaus. Zwischen Selbsterfindung und Enthistorisierung.* Berlin 2009, pp. 315–336 | Von Beyme, Klaus: »Die Bauhausmoderne und ihre Mythen« (2009). In: Baumhoff, Anja/Droste, Magdalena (eds.): *Mythos Bauhaus. Zwischen Selbsterfindung und Enthistorisierung.* Berlin 2009, pp. 337–356 | Von Beyme, Klaus: »Bauhaus – Internationalisierung und Globalisierung« (2009). In: Bauhaus-Archiv Berlin Museum für Gestaltung/Stiftung Bauhaus Dessau/Klassik Stiftung, Weimar (eds.): *Modell Bauhaus.* Ostfildern 2009, pp. 351–354 | Von Graevenitz, Gerhard (eds.): *Konzepte der Moderne.* Stuttgart/Weimar 1999 | Wagner, Christoph: »Ist die Moderne unsere Antike? Nachlese zur Mythenbildung in der Bauhaus-Rezeption« (2009). In: Baumhoff, Anja/Droste, Magdalena (eds.) (2009): *Mythos Bauhaus. Zwischen Selbsterfindung und Enthistorisierung.* Berlin 2009, pp. 17–34 | Westheim, Paul: *Bemerkungen zur Quadratur des Bauhauses* (1923). Quoted from: Nerdinger 1994, p. 9 | Wingler, Hans M. (ed.): *Neue Bauhausbücher.* Mainz/Berlin 1969

Design des (Un-)Menschlichen: Das ambivalente Erbe des Bauhauses

VON PHILIP URSPRUNG

Ich möchte die Frage der Aktualität des Bauhauses mit einer Frage verbinden, die wir derzeit an der Akademie Schloss Solitude in Stuttgart behandeln. Es geht um das Thema des neuen Stipendiatenjahrgangs »Design des (Un-)Menschlichen«. Angeregt durch einen Vortrag, den Hans-Ulrich Gumprecht anlässlich des Symposiums »Handeln mit der Angst« im Oktober 2008 auf Solitude hielt, soll untersucht werden, wie sich die Auffassung des Subjekts im Sinne der Aufklärung nach der Wannseekonferenz verändert hat. Mit anderen Worten, wie das Design, das heißt die Planung und Kontrolle der menschlichen Subjekte zu ihrem Guten ebenso wie zu ihrer organisierten Vernichtung die Vorstellung des Menschlichen radikal verändert hat. Vor dem Hintergrund des Bauhausjubiläums möchte ich deshalb nicht nach dem Wesen des Bauhauses fragen, nicht nach den Intentionen seiner Protagonisten, sondern danach, welche Funktion es in der jüngeren Vergangenheit der visuellen Kultur einnimmt. Ich interessiere mich dabei besonders für die Funktion als Feindbild, die es für drei Protagonisten der amerikanischen Postmoderne spielte – nämlich Gordon Matta-Clark, Tom Wolfe und Jeff Wall.

Gordon Matta-Clark

Gordon Matta-Clark, geboren 1943, ausgebildet zum Architekten an der Cornell University in den 1960er Jahren, wurde durch seine Eingriffe in bestehende Gebäude bekannt. Das berühmteste ist Splitting von 1974, ein Vororthaus in Englewood, New Jersey, aus den 1930er Jahren, das er mit einer Motorsäge entzwei sägte. Er schlug ein keilförmiges Stück des Fundaments weg und kippte die eine Haushälfte mittels eines Wagenhebers um einige Grad ab, bis in der Mitte eine Öffnung klaffte. Ein weiteres Hauptwerk ist Conical Intersect, 1975, ein konischer Schnitt durch zwei Häuser des Quartier du Marais, die dem Centre George Pompidou weichen mussten. Er schnitt eine Öffnung so in sie hinein, das die Passanten von der Straße aus eine Art Teleskopblick auf das Kulturzentrum hatten, das kurz vor der Fertigstellung stand. Im September 1976 war er eingeladen, an der Ausstellung Berlin – Downtown Manhattan: Soho in Berlin teilzunehmen. Sein Vorhaben soll darin bestanden haben, die Berliner Mauer zu zerschneiden. Als ihm die Kuratoren und Galeristen davon abrieten, führte er stattdessen die Performance Berlin Wall Graffiti durch. Mittels

Design of the (In-)Humane: The Ambivalent Heritage of the Bauhaus

BY PHILIP URSPRUNG

I would like to link the question of the current relevance of the Bauhaus to an issue we are currently handling at the Akademie Schloss Solitude in Stuttgart. It is the theme of the new year of fellowship holders, »Design of the (In-)Humane«. Stimulated by a lecture that Hans-Ulrich Gumprecht presented at Solitude on the occasion of the symposium »Dealing with Fear« in October 2008, the aim is to investigate how the understanding of the subject has changed in the spirit of enlightenment after the Wannsee Conference. In other words, how design—that is, the planning and control of human subjects for their own good as well as for organised annihilation—has radically transformed our notions of the humane. Against the background of the Bauhaus anniversary, therefore, I would like to ask, not about the nature of the Bauhaus or the intentions of its protagonists, but what function it has taken in the recent past of visual culture. In this context, I am especially interested in the role it adopted as an image of the enemy for three protagonists of American post-modern art—i.e., Gordon Matta-Clark, Tom Wolfe, and Jeff Wall.

Gordon Matta-Clark

Gordon Matta-Clark, born in 1943, trained as an architect at Cornell University in the nineteen-sixties, became known for his interventions into existing buildings. The most famous is **Splitting** from 1974, a suburban house in Englewood, New Jersey dating from the nineteen-thirties, which he sawed in half using a power saw. He knocked out a wedge-shaped area of the foundations and tipped down half of the house at an angle of several degrees using a car jack, until there was a gaping crack in the middle. Another main work is **Conical Intersect,** 1975, in which a conical is cut through two houses in the Quartier du Marais to make space for the Centre George Pompidou. He cut an opening into them meaning that from the street, passers-by had a kind of telescopic view of the cultural centre, shortly before its completion. In September 1976, he was invited to take part in the exhibition **Berlin—Downtown Manhattan: Soho in Berlin.** His project was to have consisted of cutting the Berlin Wall. When the curators and gallery owners advised him against that, he realised the performance **Berlin Wall Graffiti** instead. By

einer Schablone malte er in roter Farbe ein Hybrid der sowjetischen und amerikanischen Flaggen, eine Mischung von Hammer und Sichel und dem Sternenbanner, sowie in blauer Farbe den Satz »Made in America« auf die Mauer. Danach klebte er Plakate einer Berliner Bierfirma auf die Mauer. Bei dieser Gelegenheit bezeichnete er die Berliner Mauer als einen »Höhepunkt der Bauhaus-Architektur« und fuhr fort: ¶ »The Ger-

man Design machine has conquered America and the world only to return to Berlin through its wall – in a tasteful mixture of bank vault, prison walls, and pure art (...) where New York can't even pave a road from one year to the next, the brains behind the wall have managed to clear a swathe at least 100 yards wide through seventy miles of well populated streets.« ¶ Wie kommt Matta-Clark dazu, den Triumph der »German Design machine« gerade in der Berliner Mauer zu lokalisieren? Wie kommt er auf die »geschmackvolle Mischung aus Banktresor, Gefängnismauer und reiner Kunst«? Und wie hängt dies mit dem Bauhaus zusammen? Steht das Bauhaus am Beginn jenes unmenschlichen Entwurfs, eine Schneise und eine Mauer mitten durch Berlin zu ziehen, um sie in zwei Hälften zu teilen? Es wäre unangemessen, Matta-Clark beim Wort zu nehmen. Übertreibung, Polemik und Humor gehören zur künstlerischen Rhetorik in den 1970er Jahren, und er

selbst relativierte seine Aussage in einem Interview, als er betonte, dass er das Problem im »Missbrauch des Bauhauses und der frühen puristischen Ideale« sehe. Aber es wäre auch verfehlt, in seinem Statement bloß eine Anekdote zu sehen. Er rührt vielmehr an einen kritischen Punkt, an ein ambivalentes Erbe, das untrennbar mit dem Namen Bauhaus verwoben war – und, so meine These – es bis heute ist. Matta-Clark

verwendet die Begriffe »German Design machine«, »Bauhaus« und »Eroberung« fast synonym mit dem »europäischen Erbe«, mit der autoritären Tradition von Architektur, mit Modernismus, Formalismus, »Bürokratie« und »System«. Mehrmals äußerte er sich zum europäischen Erbe. So beispielsweise in einer undatierten Notiz, die im Nachlass erhalten ist und in der er schreibt: »Our European heritage is a one directional formal tyranny. The same dependence of Greco-Roman now Frenchy-German-Anglo

means of a stencil, he painted onto the Wall a hybrid of the Soviet and American flags in red—a mixture of hammer and sickle and the Star-Spangled Banner—and the sentence »Made in America« in blue paint. Afterwards, he pasted posters of a Berlin beer company onto the Wall. On this occasion, he described the Berlin Wall as a »high point of Bauhaus-architecture« and continued: ¶ »The German Design machine has conquered America and

the world only to return to Berlin through its wall—in a tasteful mixture of bank vault, prison walls, and pure art ... where New York can't even pave a road from one year to the next, the brains behind the wall have managed to clear a swathe at least 100 yards wide through seventy miles of well populated streets.« ¶ How did Matta-Clark come to identify the triumph of the »German Design machine« in the Berlin Wall, of all places? How did he arrive at the »tasteful mixture of bank vault, prison walls, and pure art«? And how is this connected with the Bauhaus? Is the Bauhaus the starting point of the inhumane idea to create a scar through the middle of Berlin and build a wall dividing it into two halves? It would be inappropriate to take Matta-Clark at his word. Exaggeration, polemics, and humour were all part of artistic rhetoric in the nineteen-seventies, and he later relativised his own statement in an interview, emphasising that he saw the

problem in the »misuse of the Bauhaus and its early purist ideals«. But it would also be wrong to see no more than an anecdote in his statement. In fact, it touches on a critical point, an ambivalent heritage, which was inseparably interconnected with the name Bauhaus—and, according to my thesis—continues to be so today. Matta-Clark uses the terms »German Design machine«, »Bauhaus«, and »conquered« almost synonymously with »European herit-

age«, the »authoritarian tradition of architecture«, »modernism, formalism, bureaucracy«, and »the system«. He made several statements about European heritage, for example, in an undated note contained in his estate. In this note, he writes: »Our European heritage is a one-directional formal tyranny. The same dependence of Greco-Roman now Frenchy-German Angus form-bags applies to the moment as much as to the White-Sullivan revolt. Anarchitecture refers to ways of functioning—we are anti-

PHILIP URSPRUNG

form-bags applies to the moment as much as fort he Wright-Sullivan revolt. Ameria has no forms all its own except 1) Anarchistic distortion of European monumentality the 2) Production line billboard and the 3) Tragedy of an exterminated native population. In view of a formless word syllables being formed by non-functioning mouths. Anarchitecture refers to ways of functioning – we are anti-formal.« ¶ Bauhaus, europäisches Erbe und Formalismus sind das, wovon Matta-Clark und so manch andere amerikanische Künstler und Architekten seiner Generation sich lösen wollten. Er ist ein guter Indikator, um diesen Konflikt zu lokalisieren. Seine Performances handeln alle von und mit Architektur. In Tree Dance lebte er zusammen mit anderen Performern einen Tag lang in den denkmalgeschützten Bäumen auf dem Campus des Vassar College. Im Sog der beginnenden Umweltschutzbewegung baute er anlässlich des Brooklyn Bridge Events im Mai 1971, bei dem es um die Reaktivierung von vernachlässigten Gegenden in Manhattan ging, eine Mauer aus Müll, eine Recyclingarchitektur, mit der Absicht, einen Unterstand für Obdachlose zu errichten. Am letzten Abend des Events bezog er alle Anwesenden mit ein, briet ein Spanferkel und offerierte 500 Sandwiches für Obdachlose und Vernissagebesucher zugleich. Im September 1971 lancierte er zusammen mit vier Freunden ein Restaurant, in dem Künstler kochen und essen konnten. Und im September 1972, kurz nach dem Labor Day, schob er zusammen mit Kollegen einen vierrädrigen Wagen vor das Treasury Building der Wall Street in New York. Die Passanten waren eingeladen, Rücken an Rücken auf dem Gefährt, einem Hybrid aus Mondmobil, Rollstuhl und Ice-Cream-Wagen, Platz zu nehmen. Eine Assistentin setzte ihnen eine Atemmaske auf und bot ihnen zur Stärkung nach der Börsenarbeit frische Luft an. ¶ Diese Performances mündeten in die kollektive, nicht dokumentierte Ausstellung »Anarchitecture«. Von der Ausstellung existiert nur eine gedruckte Einladungskarte für die Künstlerkooperative 112 Greene Street im März 1974 – sowie eine Fotostrecke im Magazin Flash Art. Auch die mysteriösen Treffen der gleichnamigen Gruppe »Anarchitecture«, zu der Laurie Anderson und Richard Nonas gehörten, sind nur bruchstückhaft dokumentiert. Im Archiv haben wir Fotografien gefunden, die wahrscheinlich ausgestellt waren, Hunderte Karteikarten mit Begriffen und Sätzen sowie einige Briefe von Matta-Clark mit Plänen zum

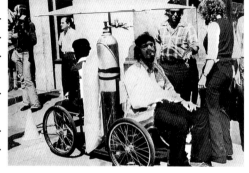

formal.« ¶ Bauhaus, European heritage, and formalism are precisely what Matta-Clark and many other American artists and architects of his generation wished to break away from. He represents a good indicator enabling us to localise this conflict. His performances all deal with and take place in architecture. In **Tree Dance,** he lived together with other performers for a day in the protected trees on the campus of Vassar College. In the train of the emerging conservation movement—on the occasion of the Brooklyn Bridge Event in May 1971, which was about the revitalisation of neglected areas in Manhattan—he built a garbage wall, an architecture of recycling, with the intention of constructing a shelter for the homeless. On the final evening of the event, he involved all those present, by roasting a sucking pig, and offering 500 sandwiches to the homeless and visitors alike. In September 1971, he and four friends launched a restaurant where artists could cook and eat. And in September 1972, shortly after Labor Day, he and some colleagues pushed a four-wheel wagon in front of the Treasury Building on Wall Street in New York. Passers-by were invited to take a seat back-to-back on the vehicle, a hybrid moon-buggy, wheelchair, and ice-cream van. An assistant provided them with a breathing mask and offered them sustaining fresh air after their work on the stock exchange. ¶ These performances culminated in the collective, undocumented exhibition »Anarchitecture«. All that has survived of the exhibition is a printed invitation card for the artists' cooperative 112 Greene Street in March 1974—and a series of photos in the magazine **Flash Art.** The mysterious meetings of the group of the same name, »Anarchitecture«, of which Laurie Anderson and Richard Nonas were members, are documented only in a fragmentary way as well. In the archives, we have found photographs that were probably exhibited, hundreds of index cards with concepts and phrases, some letters from Matta-Clark, and plans concerning the content. Matta-Clark's widow, Jane Crawford, reconstructed part of the exhibition in the context of the exhibition »Open Systems« in the Tate Modern in 2005. In the exhibition »Gordon Matta-Clark and Anarchitecture: A Detective Story« realised at Columbia University New York in 2006, Mark Wigley, Gwendolyn Owens, and I attempted to bring together the texts and photographs in order to solve the mystery of this legendary exhibition. We were able to reconstruct the relations be-

Abb. 3: **Matta-Clark:** *Fresh Air Cart,* **Performance vor U.S. Treasury Building, Wall Street, New York, 9. September 1972. Von links: Juan Downesy (mit gebrochenem Arm), Ted Greenwald (mit Sonnenbrille), Ginger J. Walker (Rücken zur Kamera)**

Fig. 3: Matta-Clark: *Fresh Air Cart,* performance in front of the U.S. Treasury Building, Wall Street, New York, 9th September 1972 (from the left: Juan Downesy (with a broken arm), Ted Greenwald (with sunglasses), Ginger J. Walker (back to the camera)

PHILIP URSPRUNG

Inhalt. Matta-Clarks Witwe Jane Crawford rekonstruierte einen Teil der Ausstellung im Rahmen der Ausstellung »Open Systems« in der Tate Modern im Jahr 2005. In der 2006 durchgeführten Ausstellung »Gordon Matta-Clark and Anarchitecture: A Detective Story« an der Columbia University New York versuchten Mark Wigley, Gwendolyn Owens und ich, die Texte und die Fotografien zusammenzubringen und das Rätsel dieser legendären Ausstellung zu lösen. Wir konnten die Beziehungen zwischen einzelnen Texten und Fotos rekonstruieren und wir konnten nachweisen, dass die Aufnahmen teilweise von Matta-Clark selbst stammen und teilweise von ihm in Pressearchiven gefunden wurden. Wir befragten viele der damaligen Mitglieder in einem Oral-History-Projekt während der Ausstellung und zeigten ihre Antworten auf Bildschirmen. Ihre Auskünfte waren widersprüchlich. Einig waren sich sicher, dass die Ausstellung derart misslungen war, dass sie nicht dokumentiert wurde. ¶ Wie auch immer die Ausstellung »Anarchitecture« ausgesehen haben mag, die Fotos von zerstörten Bauten und Fahrzeugen, zusammengebrochenen Häusern, Katastrophen einerseits, Infrastrukturen, Röhren, Deckenkonstruktionen, Baumaterialien andererseits zeugen davon, dass sich die Gruppe nicht für eine Architekturgeschichte im Sinne eines kunsthistorischen Kanons, nicht für Gestaltung und Formvollendung interessierte. Die Sammlung von Aufnahmen und Sätzen drehten sich vielmehr um Prozesse der Transformation, des Auf- und Abbaus, welche Architektur im weitesten Sinne sichtbar machte. Anstelle eines regulierten Systems trat das Chaos oder eben die Anarchie. Aus der Sicht der »Anarchitecture« wird das Gestaltete immer in einem Zustand des Ruinösen dargestellt, bzw. als Emblem des Erstarrten. Und auch das Wortspiel, aus dem die Verschmelzung von »Architek-

tur« und »Anarchie« hervorging, ist charakteristisch für diese Sicht. Es ist Teil von Matta-Clarks rastloser Auseinandersetzung mit dem Begriff »Architektur«. Auf einem der Notizblätter beispielsweise verwandelt sich »AntArco Tecture« in »An Arco Tecture« und »Narco Tecture«. Er verwandelte das neutrale Substantiv in korrumpierte Begriffe, das Konzept in Handlungen, die ineinander übergehen. Er hantierte also mit Sprache genau so, wie er die Idee des Hauses in den Performances in verschiedenste Episoden des Heimisch-Seins zerlegte – vom

tween individual texts and photos and managed to demonstrate that the photos, or at least some of them, were taken by Matta-Clark himself, although he also found some in press archives. We questioned many of the former members in an oral history project during the exhibition and displayed their answers on screens. The information they gave was contradictory. Some of them were sure that the exhibition had been such a failure that it was not documented. ¶ Whatever the exhibition »Anarchitecture« looked like, the photos of destroyed buildings and vehicles, collapsed houses, and catastrophes on the one hand, and infrastructures, pipes, ceiling constructions, building materials on the other hand, evidence the fact that the group was not interested in a history of architecture in the sense of any art-historical canon, or in design and formal perfection. Instead, the collection of photos and phrases focuses on the processes of transformation, construction, and deconstruction which visualise architecture in the broadest sense. Chaos or anarchy took the place of a regulated system. From the viewpoint of »Anarchitecture« things designed are always represented in a state of ruin or as emblematic of paralysis. The play on words that led to the merging of »architecture« and »anarchy« is also characteristic of this view. It is part of Matta-Clark's restless investigation into the concept of »architecture«. On one of the sheets of notes, for example, »AntArco Tecture« is transformed into »An Arco Tecture« and »Narco Tecture«. He transformed the neutral noun into corrupted terms, the concept into actions that merge one into the other. And so he worked with language in exactly the same way as he cut up the concept of the house in performances: in a wide range of episodes of being-at-home—from preparing and cooking food (**Food,** 1971–1973), cutting hair (**Hair,** 1972), cleaning his teeth (**Clockshower,** 1974), resting, paying himself a visit, opening and closing doors (**Open House,** 1972), to the acquisition of land (**Reality Properties: Fake Estates,** 1973) and the conversion and demolition of buildings (**Bingo,** 1974). ¶ Matta-Clark's games with language are evidence of the fact that the term »architecture« had lost its matter-of-fact nature around 1970, or, in other words, that a lively debate was taking place at that time about the nature of architecture, its place within society, and the question of how it should be taught—in other words,

Abb. 4: **Gordon Matta-Clark:** *Window Blowout,* 1976, acht Fotografien (Sammlung Generali Foundation, Wien) und *Pier In-Out,* 1973, Sammlung John und Thomas Solomon, Ausstellungsaufnahme Gordon Matta-Clark, »*You are the measure*«, Whitney Museum of American Art, New York, 2007

Fig. 4: Gordon Matta-Clark: *Window Blowout,* 1976, 8 photographs (Collection of the Generali Foundation, Vienna) and *Pier In-Out,* 1973, Collection of John and Thomas Solomon, exhibition photo Gordon Matta-Clark, »*You are the measure*«, Whitney Museum of American Art, New York, 2007

Essen Vorbereiten, Essen Kochen (Food, 1971–1973), Haare Schneiden (Hair, 1972), Zähne Putzen (Clockshower, 1974), sich Ausruhen, sich einen Besuch Abstatten, Türen Öffnen und Schließen (Open House, 1972) bis hin zum Kaufen von Grundstücken (Reality Properties: Fake Estates, 1973) und dem Umbauen und Abreißen von Gebäuden (Bingo, 1974). ¶ Matta-Clarks Sprachspiele zeugen davon, dass der Begriff »Architektur« um 1970 seine Selbstverständlichkeit verloren hatte, oder anders gesagt, dass in jener Zeit eine lebhafte Auseinandersetzung um das Wesen der Architektur, um deren Ort innerhalb der Gesellschaft sowie um die Frage, wie sie zu lehren sei, stattfand, also etwas, das der Situation am Bauhaus durchaus vergleichbar war. Eine zentrale Rolle in diesem Konflikt spielte die Cornell University – namentlich die Figur von Colin Rowe, der dort ab 1962 lehrte. Vereinfacht gesagt, ging es um einen Konflikt zwischen einer Ausbildung im Sinne der École des Beaux-Arts und einer modernistischen Ausbildung im Sinne des Bauhauses. Colin Rowe ist streng genommen kein Bauhäusler. Aber er hing indirekt damit zusammen. Geboren und aufgewachsen in England, studierte er unter anderem bei Rudolf Wittkower am Warburg Institute. Anfang der 1950er Jahre kam er nach Austin, Texas, wo er bald zu den legendären Texas Rangers gehören sollte: einer Gruppe von jungen Architekten, welche zwischen 1951 und 1958 die Lehre des International Style angriffen und für den Anschluss der Architektur an die europäische Avantgarde der Zwischenkriegszeit plädierten. Harwell Hamilton Harris war damals Dekan in Austin, und er wiederum war geprägt durch Joseph Albers, der 1930 bis 1933 stellvertretender Direktor des Bauhauses gewesen war und vor allem durch seine Tätigkeit am Black Mountain College und als Vorsteher des Art Department der Yale University eine Hauptrolle für die Kontinuität des Bauhauses in den USA spielte. ¶ Rowes Intention, die Architektur quasi aus sich selbst heraus zu erneuern – indem die Geschichte der avantgardistischen Architektur einerseits, aber auch der Architektur der Renaissance als ahistorische Referenz verwendet wird – hatte eine enorme Wirkung auf die Generation der 1960er und 1970er Jahre. Ohne ihn wäre der Klassizismus eines Richard Meier ebenso wenig denkbar wie die konzeptuelle Architektur eines Peter Eisenman. Eisenman studierte einige Semester vor Matta-Clark in Cornell – somit können beide in einem gewissen Sinne als Schüler von Colin Rowe aufgefasst werden. Eisenman lud Matta-Clark 1976 ein, bei der Ausstellung Idea as Model in seinem 1967 gegründeten Institute for Architecture and Urban Studies teilzunehmen. Seine aber-

something that was certainly comparable to the situation at the Bauhaus. Cornell University played a central role in this controversy—more precisely Colin Rowe, who taught there from 1962. Put simply, it was a matter of conflict between training in the spirit of the Ecole des Beaux-Arts and modernist training in the spirit of the Bauhaus. Strictly speaking, Colin Rowe was not an adherent of the Bauhaus. But he was connected with it indirectly. He was born and grew up in England, studying among other things under Rudolf Wittkower at the Warburg Institute. At the beginning of the nineteen-fifties he went to Austin, Texas, where he was soon to become a member of the legendary Texas Rangers: a group of young architects who opposed the teachings of International Style between 1951 and 1958 and advocated that architecture take up the European avant-garde of the period between the wars. At that time, Harwell Hamilton Harris was Dean in Austin, and he was influenced in his turn by Joseph Albers, who had been deputy director at the Bauhaus from 1930 to 1933 and played a leading role in the continuity of the Bauhaus in the USA, mainly through his activity at Black Mountain College and as head of the Art Department of Yale University. ¶ Rowe's intention to renew architecture seemingly from within—by using the history of avant-garde architecture, but also the architecture of the Renaissance as a non-historical reference—had an enormous impact on the generation of the nineteen-sixties and nineteen-seventies. Without him, the Classicism of Richard Meier, for example, would have been unthinkable, just like the conceptual architecture of Peter Eisenman. Eisenman studied several semesters earlier than Matta-Clark in Cornell—and so both, in a certain sense, can be seen as pupils of Colin Rowe. Eisenman invited Matta-Clark to participate in the 1976 exhibition **Idea as Model** in his Institute for Architecture and Urban Studies, founded in 1967. His once more undocumented performance, which became legendary as **Window Blowout** after his death, again expressed the limits of the genre. He mounted photographs of buildings with broken windows into the walls and shot, at least we can suppose so, at the real window panes of the exhibition space using an airgun. This was too much for Eisenman and he excluded him from the exhibition. It would have been the only time that Matta-Clark had been exhibited in an architectural institution during his lifetime. He was then finally stuck with the image of the »prodigal son of architecture«. When he was asked in an interview: »What about the prodigal son's return?« he answered: »I feel far removed from that possibility.« ¶

mals undokumentierte Performance, die nach seinem Tod als Window Blowout legendär wurde, artikulierte wiederum die Grenzen der Gattung. Er montierte Fotografien von Gebäuden mit zerbrochenen Fenstern an die Wände und schoss, so können wir zumindest vermuten, mit einem Luftgewehr auf die realen Scheiben des Ausstellungsraums. Das war zuviel für Eisenman und er schloss ihn aus der Ausstellung aus. Es ware das einzige Mal gewesen, dass Matta-Clark zu Lebzeiten in einer Architektur-Institution ausgestellt wurde. Er war nun endgültig behaftet mit dem Image des »verlorenen Sohns der Architektur«. Als er in einem Interview gefragt wurde: »What about the prodigal son's return?«, antwortete er: »I feel far removed from that possibility.« ¶ Ich interpretiere Window Blowout als Kritik an der hermetischen Haltung und am Formalismus der Protagonisten jener Jahre. Auch wenn Matta-Clark und seine Lehrer in ihrer Kritik des International Style einig waren, so unterschieden sie sich im Bezug auf den Formalismus. Ein Augenzeuge von Window Blowout behauptet, dass Matta-Clark angesichts der anderen in der Ausstellung präsenten Architekten gerufen habe: »Dies sind die Kerle, mit denen ich an Cornell studierte, meine Lehrer. Ich hasse, wofür sie stehen.« Indem Matta-Clark buchstäblich die Fenster zerschoss, verhielt er sich wie jemand, der in einem Flugzeug auf die Fenster zielt: Er machte den Druckunterschied zwischen in-

nen und außen drastisch klar. Er zeigte, dass sich die formalistische, auf die europäische Tradition besinnende Architektur jener Zeit den realen Problemen gegenüber verschloss – der Gentrifizierung, dem ökonomischen Kollaps und dass sie das Terrain kampflos den Developern vom Schlage eines Donald Trump überließen, der die wirtschaftliche Situation klar erfasste und mit seinen Projekten wie der Revitalisierung von Industriebrachen Auswege aus der Krise zeigte.

Tom Wolfe

Matta-Clarks Kritik am Bauhaus ist nur Spezialisten bekannt. Ganz anders der Bestseller von Tom Wolfe, der 1981 unter dem Titel From Bauhaus to Our House erschien. Es ist eine unterhaltsame Satire über die provinziellen Amerikaner, die nach dem Ersten Weltkrieg nach Deutschland zogen, um dort dem »Silber-

I interpret **Window Blowout** as criticism of the hermetic attitude and the formalism of the protagonists of those years. Even though Matta-Clark and his teachers agreed on their criticism of the International Style, they differed with reference to formalism. An eye witness to **Window Blowout** claims that seeing the other architects present in the exhibition, Matta-Clark shouted: »These are the guys I studied with at Cornell, these were my teachers. I hate what they stand for.« By literally blowing out the windows, Matta-Clark was like someone flying in a plane who aims at the windows: he provided a drastic demonstration of the difference in pressure between inside and outside. He showed that the formalist architecture of that period, recollecting European tradition, was blind to the real problems—to gentrification or economic collapse, and that they were abandoning the terrain without a fight to developers in the style of Donald Trump, for example, who clearly grasped the economic situation and indicated ways of escaping the crisis with his projects such as the revitalisation of industrial wasteland.

Abb. 5: **Ludwig Mies van der Rohe in 860 Lake Shore Drive, 1952/53**

Fig. 5: Ludwig Mies van der Rohe in 860 Lake Shore Drive, 1952/53

Tom Wolfe

Matta-Clark's criticism of the Bauhaus is known only to specialists. The situation is quite different in the case of the best-seller by Tom Wolfe, which appeared in 1981 under the title **From Bauhaus to Our House**. It is an entertaining satire about provincial Americans who move to Germany after the First World War in order to pay direct homage to the »silver prince«, Martin Gropius. Wolfe's little book locates the roots of the architectonic crisis, in which he believed that the USA was mired, in the Bauhaus. He describes the context of the Bauhaus as a Europe ruined by the First World War where the white gods stood out all the more brilliantly among the ruins. Their building clients, according to Wolfe, were the workers. But because they were not yet politically mature, architects, artists, and intellectuals felt called upon to organise the workers' lives for them. »To use Stalin's phrase, they would be the engineers of his soul.« In the housing blocks of Siemensstadt, Gropius decided that the workers needed to be liberated from the high ceilings and wide hallways, which were so bourgeois. »Seven-foot ceilings and thirty-six-inch-wide hallways were about right for recreating the world.« Fleeing from the Na-

prinz«, Martin Gropius, zu huldigen. Wolfes Büchlein ortet im Bauhaus die Wurzeln der architektonischen Misere, in der die USA seiner Ansicht nach steckten. Er schildert den Kontext des Bauhauses als das vom Ersten Weltkrieg ruinierte Europa, aus dessen Ruinen die weißen Götter sich umso strahlender abhoben. Ihre Bauherren sind, so Wolfe, die Arbeiter. Aber weil diese noch nicht mündig seien, sehen sich die Architekten, Künstler und Intellektuellen dazu berufen, ihr Leben zu organisieren. »To use Stalin's phrase, they would be the engineers of his soul.« In den Wohnblöcken von Siemensstadt entschied Gropius, dass man die Arbeiter von hohen Decken und breiten Fluren befreien müsse, die so bourgeois seien. »Seven-foot ceilings and thirty-six-inch-wide hallways were about right for recreating the world.« Auf der Flucht vor den Nazis kommen die Bauhäusler in die USA, wo sie, so Wolfe, wie Götter empfangen werden. Innerhalb von kürzester Zeit verändern sie die amerikanische Architektur: »It was not so much the buildings the Germans designed in the United States, although Mies' were to become highly influential a decade later. It was more the system of instruction they introduced. Still more, it was their very presence, (...) they were (...) here! (...) now! (...) in the land of the colonial complex (...) to govern, in person, their big little Nigeria of the arts.« ¶ Mies hat, so Wolfe, mehr als jeder andere den Lebensstil der jungen Amerikaner geprägt. Wolfe schildert, wie jeder Raum eines jungen Architekturstudenten unter dem Einfluss der Bauhäusler zu einer Box mutierte, gezeichnet durch kargste Einrichtungen, nackte Glühbirnen, einen Sisalteppich und den Schrein: »The living room would be a mean little space on the backside of a walkup tenement. The couch would be a mattress on top of a flush door supported by bricks and covered with a piece of monk's cloth. (...) At one end of the rug there would be (...) the Barcelona chair. (...) The Barcelona chair commanded the staggering price of 550 USD, however, and that was wholesale. When you saw that holy object on the sisal rug, you knew you were in a household were a fledgling architect and his young wife had sacrificed everything to bring the symbol of the godly mission into their home.« ¶ Für Wolfe verkörperten Gropius und vor allem Mies das Bauhaus. Sie waren schlechthin die Urheber der Corporate Architecture, des International Style – so der Begriff, der bereits unmittelbar nach der Gründung des Museum of Modern Art von Philip Johnson durchaus in eigener Sache geprägt worden war. Im Unterschied zu Figuren wie Colin Rowe – und vergleichbar Matta-Clark – unterschied er nicht radikal zwischen den Intentionen

zis, the members of the Bauhaus came to the USA, where, according to Wolfe, they were received like gods. Within a very short time indeed, they transformed American architecture: »It was not so much the buildings the Germans designed in the United States, although Mies' were to become highly influential a decade later. It was more the system of instruction they introduced. Still more, it was their very presence, ... they were ... here! ... now! ... in the land of the colonial complex ... to govern, in person, their big little Nigeria of the arts.« ¶ Mies, according to Wolfe, had influenced the lifestyle of the Young Americans more than anyone else. Wolfe describes how every room occupied by a young student of architecture mutated into a box under the influence of the Bauhaus members, characterised by the baldest of furnishings, bare light-bulbs, a sisal carpet and the shrine: »The living room would be a mean little space on the backside of a walkup tenement. The couch would be a mattress on top of a flush door supported by bricks and covered with a piece of monk's cloth ... At one end of the rug there would be ... the Barcelona chair ... The Barcelona chair commanded the staggering price of 550 USD, however, and that was wholesale. When you saw that holy object on the sisal rug, you knew you were in a household where a fledgling architect and his young wife had sacrificed everything to bring the symbol of the godly mission into their home.« ¶ For Wolfe, Gropius and above all Mies embodied the Bauhaus. They were the absolute originators of Corporate Architecture, the International Style—this was the term that had been coined immediately after the foundation of the Museum of Modern Art by Philip Johnson, certainly for his own benefit as well. By contrast to people like Colin Rowe—and in a comparable way to Matta-Clark—he did not differentiate radically between the intentions of the Bauhaus and its later impact, but identified the two.

Jeff Wall

After Matta-Clark, it was primarily Dan Graham who was interested in the legacy of the Bauhaus, in the after-effects of prefabricated buildings and the changes to inner cities brought about by curtain walls and atriums. Jeff Wall, a true companion to Graham for a long time, formulated one of the most radical criticisms of the Bauhaus in his text **Dan Graham's Kammerspiel** at the same time as Wolfe's little book **From Bauhaus to Our House**. It is aimed primarily at Mies van der Rohe, or rather at the American Mies: the author maintains that the Bauhaus aban-

des Bauhauses und dessen späterer Wirkung, sondern identifizierte beide miteinander.

Jeff Wall

Nach Matta-Clark hat sich vor allem Dan Graham für das Erbe des Bauhauses interessiert, für die Auswirkungen der vorfabrizierten Bauten und für die Veränderung der Innenstädte durch Curtain Walls und Atrien. Jeff Wall, lange Zeit ein treuer Gefährte von Graham, formulierte in seinem Text Dan Grahams Kammerspiel zur selben Zeit wie Wolfes Büchlein From Bauhaus to Our House eine der radikalsten Kritiken des Bauhauses. Er zielt vor allem auf Mies van der Rohe, bzw. auf den amerikanischen Mies, wenn er behauptet, dass das Bauhaus in den 1940er Jahren die ursprünglichen politischen Motivationen aufgegeben und den Schulterschluss mit den Systemen bürokratischer Kontrolle vorgenommen habe. Inbegriff dieses ambivalenten Erbes war für Wall das Glashochhaus: »Diese Kombination aus verwirrender, spiegelnder Unsichtbarkeit und starrem, systematischem Monumentalismus ohne befriedigende Macht- oder Autoritätssymbole macht den Glasturm zu einem beunruhigenden Phänomen, das wirklich beängstigend wird, sobald man erkennt, dass sein Symbolsystem über den schwerfälligen Monumentalismus des früheren Totalitarismus europäischen Stils triumphiert hat. Daraus ist abzulesen, dass eine neue Phase der Unterdrückung – einer komplexeren, subtileren Unterdrückung, die tiefer in das Gewohnheitsmäßige und in das Unbewusste eingebettet ist – im Kapitalismus herangereift ist. Das System verkündet sich selbst in diesen neutralen und funktionalen systematischen Großtaten in Präzisionsdesign und Technologie.« ¶ Das Glasgitter erzeugt laut Wall eine neue Form der Machtfantasie. Die Hochhäuser bergen kein Geheimnis und zwingen das Auge zugleich, »ohne Ziel oder Rast umherzuirren«, denn »es gibt keine Spitze, keine besondere Öffnung, keinen privilegierten oder ornamentierten Punkt auf dem Gitter. (...) Die gewaltigen Fenster (...) unterwerfen die Stadt und damit die gesamte Gesellschaft, ja das ganze Leben, ihrer Kontrolle.« Wall erinnert daran, dass diese Spiegelung einseitig ist – was Dan Graham in seinen Pavillons ja auch untersuchte – und man besser hinaus- als hineinsehen kann und damit die Gebäude zu Orten der Überwachung werden, deren Bewohner das Gefühl haben, unsichtbar zu sein. ¶ »Während die Utopisten des Zeitalters des revolutionären Optimismus wie Scheerbart und der junge Gropius das Glasgebäude zum Symbol von Luzidität und Transzendenz durch luzide Technik erklärten,

doned its original political motivations in the nineteen-forties and set about joining ranks with the systems of bureaucratic control. Wall saw the epitome of this ambivalent heritage in the glass skyscraper, maintaining that the combination of confusing, reflective invisibility and rigid, systematic monumentalism lacking in satisfying power or authority symbols made the glass tower into a disturbing phenomenon, which became a real source of anxiety when one realised that its system of symbols had triumphed over the clumsy monumentalism of early totalitarianism, European style. This revealed that a new phase of oppression—a more complex and subtle oppression, more deeply embedded in the habitual and the subconscious—had matured in capitalism. The system heralded itself in these neutral, functional, systematic great deeds of precision design and technology. ¶ According to Wall, the pattern of glass generates a new type of power fantasy. The skyscrapers conceal no secrets and simultaneously compel the eye to wander without aim or rest, as there is no summit, no particular opening, no privileged or ornamented point on the grid. The huge windows place the city and thus the whole of society, even the whole of life under their control. Wall reminds us that this reflection is one-sided—an aspect that Dan Graham also investigated in his pavilions—and that it is easier to see out than in. As a consequence, these buildings are made into places of surveillance, whose residents get the feeling they are invisible. ¶ As Wall sees it, the Utopians of the age of revolutionary optimism—like Scheerbart and the young Gropius—declared the glass building a symbol of lucidity and transcendence because of its lucid technology, whereas the masters working after the Second World War, led by Mies van der Rohe and Philip Johnson, recognised the »pure« tower, the glass house, as a perfected mechanism; its cold irony and distance expressed what had actually become of the city: an ugly view. ¶ Wall evokes the »deep historical sadness« and »negativity« of Mies' buildings. Mies, who had personally experienced the radical changes in Europe, also—according to Wall—experienced the hopelessness of urban planning in the USA and his buildings show an awareness of this. ¶ Wall states that Mies reacted to the historical catastrophe of the period from 1920 to 1950 by abandoning modernity's implicit utopian urban criticism and leaving the city to its Caesars, speculators, bureaucrats, and »property sharks«. His withdrawal was a well-considered gesture, Wall believes, and the buildings express it through the perfect emptiness of their subordination. Wall views glass build-

erkennen die nach dem Zweiten Weltkrieg wirkenden Meister des ›reinen‹ Turms, allen voran Mies van der Rohe und Philip Johnson, das Glashaus als perfektionierten Mechanismus, der mit kalter Ironie und Distanz zum Ausdruck bringt, was tatsächlich aus der Stadt geworden ist: eine hässliche Aussicht«. ¶ Wall evoziert die »tiefe historische Traurigkeit« und »Negativität« von Mies' Bauten. Mies, der, so Wall, die Umwälzungen in Europa miterlebt hat, erfährt in den USA die Hoffnungslosigkeit der Städteplanung und seine Bauten sind sich dessen bewusst. ¶ »Mies reagiert auf die historische Katastrophe in der Zeit von 1920 bis 1950, indem er sich von der impliziten utopischen Stadtkritik der Moderne lossagte und die Stadt ihren Cäsaren, Speku-

lanten, Bürokraten und ›Immobilienhaien‹ überließ.« Sein Rückzug sei eine wohlüberlegte Geste, meint Wall, den die Bauten durch die perfekte Leere ihrer Unterwerfung ausdrücken. Die Glashäuser auf dem Land sieht Wall als Entsprechung der Corporate Architecture in der Stadt. Er kommt zu einer verblüffenden Beobachtung, wenn er sagt, dass es in den offenen Räumen dieser Glashäuer niemals Spiegel gebe. Obwohl alles auf die Gesetze der Optik baut, sind Spiegel in die Bereiche der Nasszellen verbannt. Die riesigen Fensterwände schaffen ein Spiel von Spiegelungen und erzeugen Augenblicke, in denen der Blick mit sich selbst spielt. Tagsüber ist das Hausinnere nicht sehr hell. Das Äußere wird gespiegelt und lässt das Innere hinter dem Spiegelbild teilweise verschwinden. Das Glashaus legt sich über das kontrollierte Bild der Natur, über die schöne Aussicht, die der Glasturm nicht bescheren kann. Die Bewohner genießen das Spiel der Unsichtbarkeit sowie das Spiel, die Natur, die Tagesabläufe, die Jahreszeiten einzufangen: »Jetzt kontrolliert das Haus die Natur, den natürlichen Fluss von Zeit und Licht, und solange diese Kontrolle ungebrochen bleibt, kann eine euphorische Absorbiertheit entstehen und die durch die theoretische Unsichtbarkeit hervorgerufene Angst unterdrückt bleiben«. Aber sobald es Nacht wird, ändert sich alles. Die Landschaft verschwindet in der schwarzen Dunkelheit. Das Spektakel der unterworfenen Natur, auf das die Bewohner angewiesen sind, verschwindet. Die künstliche Innenbeleuchtung verwandelt die Fenster in gigantische Spiegel. Man kann diese mit Vorhängen zuhängen, aber damit ist das Problem nicht gelöst. Nachts, so Wall, wird die Natur zum Auge und für die Bewohner kehrt die alte Angst vor der Dun-

ings in the countryside as corresponding to corporate architecture in the city. He makes an astounding observation when he says that there are never any mirrors in the open rooms of these glass houses. Although everything is constructed according to the laws of optics, mirrors are banished into the areas of the sanitary blocks. The huge walls of windows create a play of reflections and create moments in which one's gaze plays games with itself. During the day, the inside of the house is not very light. The exterior is reflected and causes the interior to disappear to some extent behind the reflected image. The glass house is laid over the controlled image of nature, over the beautiful view that the glass tower is unable to offer. The residents enjoy the game of invisibility as well as the game of capturing nature, the course of the days, and the seasons of the year: Wall resumes that now the house controls nature, the natural course of time and light, and as long as this control is unbroken, it is possible for a euphoric absorption to develop, and the fear caused by one's theoretical invisibility can be suppressed. But as soon as night falls, everything changes. The landscape disappears into the black darkness. The spectacle of subordinated nature, on which the residents depend, disappears. The artificial interior lighting transforms the windows into gigantic mirrors. It is possible to cover them up with curtains, but that does not solve the problem. At night, according to Wall, nature turns into an eye and the old fear of the darkness returns to the residents. For Wall, the glass house becomes a symbol indicating the strong, remaining links between the bourgeoisie and aristocratic forms. The rococo pavilion in the royal park continues to exist in the glass house, together with its fantasies of omnipotence and the fear of revolution. At night the isolated pavilion turns into the long forgotten sepulchre of ghoulish tales and the resident's theoretical invisibility and his horror of reflections demonstrate his affinity with the vampire, one of the most theoretical of beings ever to be produced by the tortured bourgeois imagination. ¶ The vampire stands for the old system's »not-wanting-to-die« and the fear that the new order has inherited something evil from the old order. It stands for a crisis within modernity. While the vampire sleeps by day, he awakens at night. But then the glass house turns into a trap for him, as Wall puts it, pursuing each of his glances with reflections that show him the impossibility of his

Abb. 6: **Philip Johnson in seinem Haus**

Fig. 6: Philip Johnson in his house

kelheit zurück. Für Wall wird das Glashaus zum Symbol, welches zeigt, wie stark die Bourgeoisie noch immer mit aristokratischen Formen verknüpft ist. In ihm lebt der Rokokopavillon im königlichen Park fort, mitsamt seiner Allmachtsfantasie und der Angst vor Revolution. ¶ »Nachts wird der einsame Pavillon zur längst verlassenen Gruft schauriger Erzählungen, und die theo-

retische Unsichtbarkeit des Bewohners und seine Abscheu vor Spiegelungen weisen auf seine Verwandtschaft mit dem Vampir hin, einem der höchsten theoretischen Wesen, das die gequälte bourgeoise Phantasie je hervorgebracht hat.« ¶ Der Vampir steht für das »Nicht-sterben-Wollen« des alten Systems und die Angst, die neue Ordnung habe etwas Böses von der alten Ordnung geerbt. Er steht für eine Krise innerhalb der Moderne. Während der Vampir bei Tage schläft, erwacht er nachts. Aber dann wird das Glashaus für ihn zur Falle, »jagt jeden seiner Blicke mit Spiegelungen, die die Unmöglichkeit seiner Existenz, das von ihm verkörperte Zerrbild des Lebens zeigen – und seine tiefe Verlassenheit und Einsamkeit. Der Mechanismus des Hauses ist die Falle, die der Vampirismus über sich selbst zuschnappen lässt.« Um dieser Angst zu begegnen, werden die Vorhänge zugezogen. Mit zugezogenen Vorhängen schrumpft das Haus auf den Status eines privaten Zuhauses, dessen gesellschaftliche Herrschaft nicht legitim ist.

Fazit

Alle drei Fälle kritisieren das Bauhaus aus der Perspektive der USA in den 1970er Jahren, das heißt als Wurzel des International Style, einer bürokratischen Corporate Architecture einerseits, einer formalistischen, selektiven und elitären Auffassung von Architektur als autonome Disziplin andererseits. Ihr Blick auf das Bauhaus ist somit gänzlich anders als der Blick, der von deutschsprachiger Warte aus auf das Phänomen fällt. Nämlich als unterbrochenes Projekt der Moderne. Als solches ist es über jede Kritik erhaben, ja es zu kritisieren hieße, am Wert der kulturellen Autonomie zu zweifeln. Es gibt also zwei Bauhäuser, eines, das utopisch überhöht, und eines, das kritisch desavouiert wird. Aufgabe der Historiografie ist es, diese beiden Aspekte zu verbinden. Das sind wir dem Bauhaus, wie immer wir zu ihm stehen, schuldig.

existence, the distorted picture of life that he embodies—and his deep abandonment and isolation. The mechanism of the house is the trap allowing vampirism to close upon itself. In order to deal with this fear, the curtains are drawn. With drawn curtains, the house is diminished to the status of a private home, and its social dominance becomes illegitimate.

Abb. 7: **Ludwig Mies van der Rohe, Farnsworth House, Innenaufnahme, Einrichtung von Edith Farnsworth, nach 1951**

Fig. 7: Ludwig Mies van der Rohe, Farnsworth House, photo of the interior, furnishings by Edith Farnsworth, after 1951

Conclusion

In all three cases, the Bauhaus is criticised from the perspective of the USA in the nineteen-seventies—that is, as the roots of International Style, of a bureaucratic corporate architecture on the one hand, and a formalist, selective and elite understanding of architecture as an autonomous discipline on the other. Their view of the Bauhaus is completely different, therefore, from the perspective of the phenomenon from the German-speaking point of view: that is, as an interrupted project of modernity. As such, it is above all criticism: indeed, to criticise it would mean doubting the value of cultural autonomy. And so there are two Bauhauses, one that is exaggerated in a utopian fashion, and one that is critically disavowed. It is the task of the historiographer to bring these two aspects together. We owe that to the Bauhaus, whatever our own view of it.

Literatur

| Crow, Thomas: »Gordon Matta-Clark«. In: Diserens, Corinne (Hg.): *Gordon Matta-Clark.* London 2003, S. 7–132 | De Salvo, Donna (Hg.): *Open Systems: Rethinking Art c. 1970.* London 2005 | Diserens, Corinne: *Gordon Matta-Clark.* London 2003, S. 181–186 | Jacob, Mary Jane (Hg.): *Gordon Matta-Clark. A Retrospectiv.* Katalog Chicago: Museum of Contemporary Art. Chicago 1985, S. 96 (Übersetzung Philip Ursprung) | Matta-Clark, Gordon: *Interview with Donald Wall.* O.D. (ca. 1976), Manuskript, Estate of Gordon Matta-Clark on deposit at the Canadian Center for Architecture, Montreal. Eine gekürzte Version ist publiziert bei Wall (1976), wiederabgedruckt in: Diserens, 2003, S. 181–186. | Wall, Donald: »Gordon Matta-Clark's Building Dissections«. In: *Arts Magazine.* Mai 1976, S. 74–79, wieder abgedruckt in: Diserens, 2003, S. 181–186 | Wall, Jeff: »Dan Grahams Kammerspiel«. In: Wall, Jeff: *Szenarien im Bildraum der Wirklichkeit. Essays, Interviews.* Hg. von Gregor Stemmrich. Dresden 1997, S. 89–187, hier: S. 146 | Wolfe, Tom: *From Bauhaus to Our House.* New York 1981

Reference

| Crow, Thomas: »Gordon Matta-Clark«. In: Diserens, Corinne (ed.): *Gordon Matta-Clark.* London 2003, pp. 7–132 | De Salvo, Donna (ed.): *Open Systems: Rethinking Art c. 1970.* London 2005 | Diserens, Corinne: *Gordon Matta-Clark.* London 2003, pp. 181–186 | Jacob, Mary Jane (ed.): *Gordon Matta-Clark. A Retrospective.* Catalogue Chicago: Museum of Contemporary Art. Chicago 1985, p. 96 | Matta-Clark, Gordon: *Interview with Donald Wall.* No date (ca. 1976), manuscript, estate of Gordon Matta-Clark on deposit at the Canadian Center for Architecture, Montreal. An abbreviated version is published in Wall (1976), reprinted in: Diserens, 2003, pp. 181–186. | Wall, Donald: »Gordon Matta-Clark's Building Dissections«. In: *Arts Magazine.* May 1976, pp. 74–79, reprinted in: Diserens (2003), pp. 181–186 | Wall, Jeff: »Dan Grahams Kammerspiel«. In: Wall, Jeff: *Szenarien im Bildraum der Wirklichkeit. Essays, Interviews.* Ed. by Gregor Stemmrich. Dresden 1997, pp. 89–187, here: p. 146 | Wolfe, Tom: *From Bauhaus to Our House.* New York 1981

Kommentare

Commentaries

Update Bauhaus

VON GERD DE BRUYN

Mit Aktualisierung ist entweder die Vergegenwärtigung einer Vergangenheit gemeint, die möglicherweise in Vergessenheit geraten ist, oder aber der Versuch, ein allbekanntes Phänomen, das einer permanenten Reflexion und Bearbeitung unterworfen ist, auf den neuesten Stand zu bringen. Update ist ein Wort aus der Computerbranche, das in viele Bereiche eingedrungen ist, um die ständige Aktualisierung von Datenbeständen zu beschreiben. ¶ Update Bauhaus hieße folglich die Vergewisserung darüber, was uns das ständig aktualisierte, aber auch fortwährend musealisierte und historisierte Bauhaus im Jahr 2009 bedeutet. Wobei wir nicht weit zurück und vielleicht auch nicht so weit nach vorn schauen müssen: In zehn Jahren, mit dem hundertsten Geburtstag, wird wieder ein Update anstehen. ¶ Ein sehr wichtiges Update fand bereits vor zwölf Jahren statt, als in Karlsruhe das Zentrum für Kunst und Medientechnologie (ZKM) eröffnet wurde, das »weltweit«, so hieß es damals, »die größte Einrichtung für Medien und Kunst« werden sollte. Gegründet wurde es allerdings schon früher, 1988 durch Lothar Späth und Heinrich Klotz. Dieser hatte bereits zehn Jahre zuvor das Deutsche Architekturmuseum in Frankfurt am Main ins Leben gerufen. Ich kann mich noch gut daran erinnern, dass er damals keine Gelegenheit ausließ, um in der Öffentlichkeit zu betonen, das ZKM sei legitimer Nachfahre des Bauhauses und zwar deshalb, weil es keine Imitation sein wolle, sondern eine Aktualisierung. Wörtlich hieß es bei Klotz: »Das ZKM hat die Aufgabe, die schöpferischen Möglichkeiten einer Verbindung zwischen traditionellen Künsten und Medientechnologie auszuloten, um voraus weisende Resultate zu gewinnen. Die Bereicherung der Künste, nicht ihre technische Amputation ist das Ziel. Deshalb müssen sich traditionelle Künste und Medienkünste aneinander messen. Beide Seiten haben im ZKM einen Ort der Förderung. Als Vorbild kann das 1919 gegründete Bauhaus in Weimar gelten.« Leider scheiterte die Realisierung eines Neubaus für das ZKM an den Kosten, obschon Rem Koolhaas 1989 den internationalen Wettbewerb mit einem Aufsehen erregenden Entwurf gewonnen hatte. Das ist bedauerlich, weil so dem institutionellen Update des Bauhauses ein zeitgenössisches Pendant zum Bauhausgebäude in Dessau vorenthalten blieb. ¶ Wenn wir von der Vergangenheit aus in die Gegenwart blicken, können wir an die ursprüngliche Intention des ZKM anknüpfen und uns die Frage stellen, ob inzwischen Entwicklungen in Kultur und Technik stattgefunden

120

Update Bauhaus

BY GERD DE BRUYN

The substance of updating is either a current visualisation of some time in the past that may have been forgotten, or an attempt to bring up to date a widely-known phenomenon, which is subject to constant reflection and adaptation. **Update** is an expression from the computer world that has permeated many other spheres; originally, it was used to describe the continual updating of information stored in databases. ¶ **Update Bauhaus** would signify an investigation, therefore, into what the Bauhaus—a phenomenon brought up to date continually, but also successively becoming history, a subject of museum studies—means to us in the year 2009. But there is no need to look back a great distance and perhaps not so far into the future, either: in ten years' time another **update** will be due, to mark the Bauhaus's one hundredth birthday. ¶ A very important **update** already took place twelve years ago, when the Centre for Art and Media Technology (ZKM, Zentrum für Kunst und Medientechnologie) was opened in Karlsruhe. It was to become—or so the claim at the time—»the biggest institution for media and art in the world«. It had actually been founded some time earlier, in 1988, by Lothar Späth and Heinrich Klotz. The latter had already initiated the German Museum of Architecture in Frankfurt am Main ten years before. I remember well that he missed no opportunity at the time to emphasise publicly that the ZKM was a legitimate descendant of the Bauhaus because it did not aim to be an imitation, but an updating. Klotz' exact words were: »The task of the ZKM is to sound out the creative possibilities of a link between the traditional arts and media technology in order to arrive at pioneering work. The aim is an enrichment of the arts, and not their technical amputation. That is why the traditional arts and media arts need to measure themselves against each other. There is room for the promotion of both aspects in the ZKM. The Bauhaus, founded in Weimar in 1919, may be seen as a role model.« Unfortunately, a new building was never realised for the ZKM due to the cost, although Rem Koolhaas had won the relevant international planning competition with a spectacular design in 1989. That is regrettable, because it meant that the institutional **update** of the Bauhaus was denied a contemporary pendant to the Bauhaus building in Dessau. ¶ Looking at the present day from the perspective of the past, we are able to take up the ZKM's original intentions and ask ourselves whether developments in culture and technology

haben, die ein neuerliches Update der Bauhausschule erforderlich machen, zumal ja der Umbau des Diploms in Bachelor- und Masterstudiengänge in der Öffentlichkeit immer kritischer kommentiert wird.

Historisierung

VON SOKRATIS GEORGIADIS

In einer im Juli 2009 veröffentlichten Besprechung der Ausstellung Modell Bauhaus im Martin-Gropius-Bau in Berlin monierte Wolfgang Pehnt, dass das Bauhaus nie es selbst sein konnte. Es übte stets eine Stellvertreterfunktion aus, etwa als Instanz für das fortschrittliche Weltverständnis, als Metonym für neuzeitliche Kunst und Architektur oder als Ausweis und Identifikationspunkt eines besseren, das heißt nichtnazistischen Deutschland. Man muss Pehnt zustimmen. Dabei hat die Forschung alle drei Zuordnungen längst widerlegt oder zumindest stark relativiert: Kaum auszumachen, was an einer Institution fortschrittlich war, die in ihrem Gründungmanifest von 1919 die Vision Zukunft mit einem schallenden »Zurück!« belegte, einem Zurück zum Handwerk, zur Bauhütte, zum Mittelalter, zur »gotischen Weltanschauung«, wie Gropius sagte. Wie fortschrittlich war die Kehre von 1923, die Gropius mir nichts, dir nichts über Nacht verkündete – Einheit von Kunst und Industrie: die Verwirklichung des idealistischen Traums vom Zusammenklang zwischen kultureller und zivilisatorischer Moderne, ein Versprechen, das schnurstracks auf die Anbindung der Kunst an die Imperative technisch-ökonomischer Zweckrationalität hinauslief? Wie fortschrittlich war schließlich ab 1928 das Meyersche Programm des Dienstes am Volke, das den Künstler zu einer sozialen Pflegekraft mutieren ließ? Längst ist auch bekannt, dass die manichäistische Nachkriegslogik von gut und böse den tatsächlichen Gegebenheiten in den Jahren 1919–33 kaum entspricht, denn das Bauhaus stieß nicht nur auf die Opposition der Extreme, der Nationalisten, Traditionalisten und Antidemokraten jeder Couleur, sondern genauso und aus einer Vielfalt von Gründen auf Skepsis im Lager der avantgardistischen Moderne: Adolf Behne, Hugo Häring, Paul Westheim, Karel Teige, Josef Frank gehörten beispielsweise zu den Kritikern. Überdies war das Bauhaus selbst weit davon entfernt, eine monolithische Institution zu sein und die unterschiedlichen Auffassungen zu Kunst und Architektur sowie über die Ziele der Schule selbst haben mitnich-

have taken place in the meantime, developments that make a new **update** of the Bauhaus school necessary, especially as the restructuring of the diploma course into Bachelor's and Master's degree courses is being publicly criticised more and more.

Historiography

BY SOKRATIS GEORGIADIS

In a review of the exhibition »Model Bauhaus« in the Martin-Gropius-Bau in Berlin, published in July 2009, Wolfgang Pehnt complained that the Bauhaus was never allowed to be itself. Instead, it always fulfilled a representative function—e.g., as an instance of the progressive understanding of the world, as a metonym of modern art and architecture, or demonstrating and offering a point of identification for a better, i.e., non-Nazi Germany. One is compelled to agree with Pehnt. And yet research has disproved or at least greatly relativised all three of those attributions: it is difficult to discern anything progressive about an institution which, in its founding manifesto of 1919, filled its vision of the future with a resonant »go back!«— back to craftsmanship, to the mason's lodge, to the Middle Ages, to the »Gothic world attitude«, as Gropius put it. How progressive was the radical change of 1923, which Gropius suddenly announced overnight—the unity of art and industry: the realisation of the idealistic dream of harmony between culture and civilising modernity, a promise that immediately sought to bind art to the imperatives of technical-economic functional rationality? How progressive, finally, was Meyer's programme—from 1928— of service to the people, as it caused the artist to mutate into a kind of social carer? We have also been long aware that the Manichaean post-war logic of **good** and **evil** scarcely corresponded to the actual conditions in the years 1919–33, for the Bauhaus met with opposition not only from extremists, nationalists, traditionalists, and anti-democrats of every type, but equally and for a variety of reasons, with scepticism in the avant-garde modernist camp: Adolf Behne, Hugo Häring, Paul Westheim, Karel Teige, and Josef Frank were among its critics, for example. In addition, the Bauhaus itself was far from a monolithic institution and the diverse understandings of art, architecture, and the school's aims led by no means to absolute harmony, but sometimes to bitter disputes among the members. Now, one can hardly criticise the Bauhaus for that. But one can certainly ob-

ten nur harmonisch nebeneinander gewirkt, sondern sich gegenseitig auch zuweilen erbittert bekämpft. Nun kann man das dem Bauhaus kaum zum Vorwurf machen. Woran man aber sehr wohl Anstoß nehmen kann, ist am, heute noch im Kurs stehenden, kanonischen Image des Bauhauses als konzentrierter, repräsentativer Ausdruck der Moderne. Initiator dieser Kanonisierung war freilich Walter Gropius selbst, bereitwillig gefolgt von einer ganzen Schar von Kunst- und Kulturvermittlern und Interpreten, die das Bauhaus zur Universalie der Moderne verwandelten, wohl gestützt auf lediglich einen Bruchteil seiner Geschichte. Auch der Glaube an die angeblich reine Weste im Nationalsozialismus ist spätestens seit der 1993 erschienenen Publikation Bauhaus-Moderne im Nationalsozialismus. Zwischen Anbiederung und Verfolgung von Winfried Nerdinger, der nebst der Verfolgung durch das Regime die Anbiederung vonseiten nicht weniger Bauhäusler zum Thema machte, mächtig erschüttert worden. ¶ Wenn 90 Jahre nach seiner Gründung, es ein Desiderat ist, das Bauhaus es selbst sein zu lassen, so wird seine Historisierung zum Gebot. Einmal als Bedingung seiner Entmythologisierung, dann aber auch als Therapieangebot angesichts der verkrampften Suche nach Kontinuität, wohl im Wissen, dass die Geschichte – um mit Deleuze zu sprechen – die Gesamtheit der wie immer rezenten Bedingungen bezeichnet, von denen man sich abwendet, um zu werden, das heißt, um etwas Neues zu schaffen.

KOMMENTARE

ject to the canonical image of the Bauhaus, still flaunted today, as a concentrated and representative expression of modernity. Of course, the initiator of this canonisation was Walter Gropius himself, willingly followed by a throng of mediators and interpreters of art and culture who transformed the Bauhaus into the universal fount of modernity, presumably supporting this assessment with a mere fragment of its history. Even the belief in the Bauhaus's supposedly clean record during National Socialism has been shaken considerably, at the latest since Winfried Nerdinger's publication in 1993 of **Bauhaus-Moderne im Nationalsozialismus. Zwischen Anbiederung und Verfolgung,** which examined not only persecution by the regime but also ingratiation with those in power on the part of some Bauhaus members. ¶ If it appears desirable, ninety years after its foundation, to allow the Bauhaus to be itself, historiography is an imperative. First, it is necessary as a precondition to the de-mythologizing of the Bauhaus, but also as a therapeutic offer in face of the anguished search for continuity; in the certain knowledge that history—to quote Deleuze—refers to the entirety of (as-ever) modern conditions, on which we turn our backs in order to evolve—i.e., in order to create something new.

Fotoessay

Photographic Essay

Leben mit Walter – Kleines Glück im großen Plan
75 Jahre Wohnen in der Siedlung Törten

VON NILS EMDE/NIKO.31

Living with Walter— Humble Contentment in the Grand Plan
75 Years of Life in the Settlement Törten

BY NILS EMDE/NIKO.31

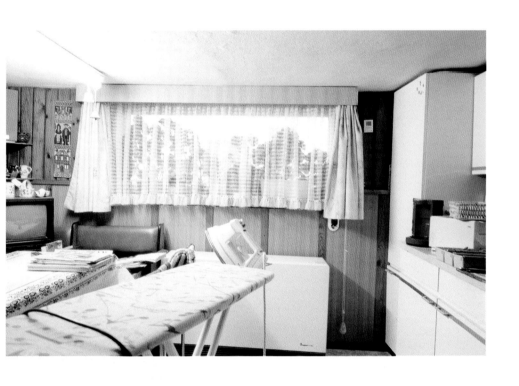

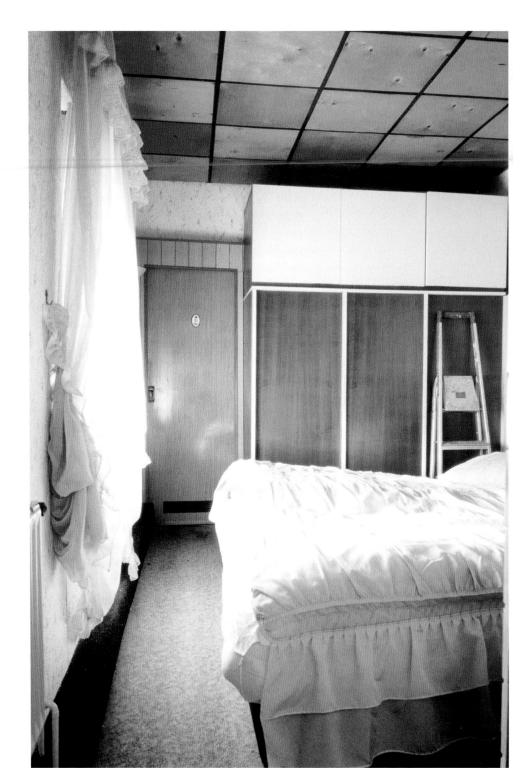

Anmerkungen

Die Arbeit entstand im März 2003 im Auftrag der Stiftung Bauhaus Dessau für die Ausstellung »Bauhausstil: Zwischen International Style und Lifestyle« (23. Mai bis 16. November 2003, Bauhaus Dessau). Ausgewählte Bilder und der Text »Leben mit Walter – Kleines Glück im großen Plan. 75 Jahre Wohnen in der Siedlung Törten« sind erschienen im Katalog zur Ausstellung (Bittner, Regina (Hg.): **Bauhausstil: Zwischen International Style and Lifestyle.** Berlin 2003. In der Ausstellung »Trautes Heim« (7. Mai bis 9. November 2003, Galerie für Zeitgenössische Kunst Leipzig) wurde eine Auswahl von 40 Bildern in einer Diaprojektion gezeigt. Ausgewählte Bilder mit dem Text »Moderne Sehnsüchte – die eigenen vier Wände« von Regina Bittner sind erschienen in: Julia Schäfer (Hg.): **Trautes Heim/Cosy Homes.** Köln 2005. ¶ Die Autoren bedanken sich bei den Bewohnern von Dessau-Törten für den freundlichen Empfang und die Gespräche.

Notes

This work was produced in March 2003, having been commissioned by the Bauhaus Dessau Foundation for the exhibition »Bauhaus Style: between International Style and Lifestyle« (Bauhaus Dessau, 23rd May to 16th November 2003). Selected pictures and the text »Leben mit Walter – Kleines Glück im großen Plan. 75 Jahre Wohnen in der Siedlung Törten (Living with Walter—Humble Contentment in the Gzrand Plan. 75 Years of Life in the Settlement Törten)« appeared in the exhibition catalogue (Bittner, Regina (ed.): Bauhausstil: Zwischen International Style und Lifestyle. **Berlin 2003. A selection of 40 images was shown in a slide projection in the exhibition »Trautes Heim«** (Cosy Homes, Galerie für Zeitgenössische Kunst, Leipzig, 7th May to 9th November 2003). **Selected images and the text »Moderne Sehnsüchte – die eigenen vier Wände (Modern Longings—A Home of One's Own)« by Regina Bittner appeared in: Julia Schäfer (ed.):** Trautes Heim/Cosy Homes. **Cologne 2005. ¶ The authors would like to thank the residents of Dessau-Törten for their warm welcome and willingness to talk.**

Thesen

Statements

Jeannine Fiedler

Sokratis Georgiadis

Karin Wilhelm

Kai-Uwe Hemken

Gerd de Bruyn

Annett Zinsmeister

Hans Dieter Huber

Philip Ursprung

Historisierung

Jeannine Fiedler DAS BAUHAUS ALS ANTIKE DER MODERNE?
Ausgangspunkt und Rückbezug für sämtliche gestalterischen
Problematiken des 20. Jahrhunderts war das Bauhaus. Das Bauhaus ist eine neuzeitliche Schatz- und Wunderkammer, die
sämtliche Irrtümer, aber auch die Glanzlichter der Moderne in
sich birgt.

Sokratis Georgiadis HISTORISIERUNG
Genauso wenig wie das Bauhaus voraussetzungslos war, ist dies
unsere gegenwärtige Situation auch; sie ist nicht voraussetzungslos! Doch die heutigen Voraussetzungen sind mit denjeni-
gen des Bauhauses nicht identisch, sie haben sich gewandelt,
bisweilen radikal. Und gerade das stellt die Einladung zum »Update« unter ein anderes Licht. Um das Bauhaus sich selbst sein
zu lassen, muss man es nolens volens historisieren, auf Aktuali-
sierungen verzichten, es endlich als (unsere) Antike verstehen.

Karin Wilhelm DAS BAUHAUS IST LÄNGST HISTORISIERT.
Die Darstellung der Produktionslogik in meinem Beitrag zeigt,
unter welchen Voraussetzungen Architektur und Lebensform
oder Lebensstile hergestellt werden konnten. Welche Hoffnungen, Wünsche, Träume sich vor 1933 damit verbinden konnten.
Damit und mit der Betrachtung der Entwicklungen in den 60er
Jahren wird klar, dass das Bauhaus ein historisches Modell
gewesen ist – ein Modell um Architektur, Lebensstile usw. zu
produzieren.

Kai-Uwe Hemken AKTUALITÄT
Die Moderne ist ein Prozess, der nicht zu Ende ist. Das Bauhaus
hat insgesamt eine so große Aktualität, weil es Grundsatzproble-
me anspricht.

THESEN

148

Jeannine Fiedler

    Sokratis Georgiadis

        Karin Wilhelm

            Kai-Uwe Hemken

                Gerd de Bruyn

                    Annett Zinsmeister

                        Hans Dieter Huber

                          Philip Ursprung

Historiography

Jeannine Fiedler **THE BAUHAUS AS MODERNITY'S ANTIQUITY?**
The Bauhaus was the starting point and key reference for all problematic design complexes in the twentieth century. The Bauhaus is a modern-day treasury and curiosity cabinet holding all the mistakes, but also the highlights of modernity.

Sokratis Georgiadis **HISTORIOGRAPHY**
The Bauhaus was not without its preconditions, any more than our present situation; of course there are preconditions! But the conditions today are not identical to those of the Bauhaus; they have changed, even radically in some cases. And that is exactly what sheds a different light on this invitation to »update« the Bauhaus. In order to let the Bauhaus be itself, it is necessary to treat it historiographically, nolens volens—to manage without updating, finally understanding it as (our) antiquity.

Karin Wilhelm **THE BAUHAUS HAS BEEN HISTORIOGRAPHIC FOR A LONG TIME.**
The presentation of production logics in my essay reveals the preconditions under which architecture and an approach to life or lifestyle could be generated: and what hopes, wishes and dreams could be associated with that prior to 1933. This and observation of the developments in the 60s make it clear that the Bauhaus was a historical model—a model with which to produce architecture and lifestyles etc.

Kai-Uwe Hemken **CURRENT RELEVANCE**
Modernity is a process that has not finished yet. The Bauhaus overall is still so relevant because it addresses fundamental problems.

STATEMENTS

149

Karin Wilhelm GESCHICHTSBEWUSSTSEIN

Das vorherrschende Geschichtsbewusstsein entsteht in dem geschichtsphilosophischen Verständnis von Entwicklungen, Epochen und Fortschrittsformen. Wenn wir strukturell denken, dann ergeben sich vielgestaltige Möglichkeiten, die wir hinterfragen können: Was ist davon zu aktualisieren, zu vergegenwärtigen, und was sind Tendenzen, die wir nun tatsächlich historisch hinter uns gelassen haben? Wenn wir unser Geschichtsbild nicht linear benennen, sondern versuchen, es strukturell in den Verknüpfungen und Verbindungen aufzufinden, dann können wir uns einfacher über ein »Update Bauhaus« verständigen!

Utopie und Mythos

Jeannine Fiedler BAUHAUS-UTOPIEN – EXPERIMENT BAUHAUS – MODELL BAUHAUS …

… diese Titel sind Gemeinplätze, die versuchen, eine offene Struktur für das Publikum griffig zu machen, denn: Erfüllt sich eine Utopie, so ist sie keine mehr. Im Wesen des Experiments liegen auch das Scheitern und der neue Versuch begründet. Das Modell als Vor-Bild ist im Wesentlichen unbeweglich, selbst dann, wenn seine Nach-Bilder von der Urform abweichen.

Karin Wilhelm UTOPIE UND BAUHAUS

Mit den Bauhaus-Produkten ist eine hochidealistische Vorstellung und eine sehr utopische Idee verbunden: Der Wunsch, eine Gesellschaft zu formen, die tatsächlich unkriegerisch ist. Die sozialen Modelle dafür waren der amerikanische Kapitalismus, der Fordismus, der Sozialismus. So erschien es jedenfalls.

Jeannine Fiedler MATERIALKULTUR

Diese neue Materialkultur des 20. Jhr. hat dazu beigetragen, Objekte des Alltags aufzuladen, auch in einem klassenbewussten Sinn. Diese Objekte, die damals am Bauhaus hergestellt wurden, um für eine bessere Gesellschaft zu sorgen, um würdige, gute, funktionale, haltbare Gebrauchsgegenstände zu sein, waren für jene Leute, für die sie eigentlich gebaut, konstruiert und gedacht waren, gar nicht erschwinglich und sind es heute erst recht nicht.

Gerd de Bruyn VISION UND UTOPIE

Wir haben in der Moderne immer zwei Tendenzen zu beachten, die gegenläufig sind: zum einen das, was faktisch wirklich als Modernisierung geschieht, zum Beispiel im Zuge des Fordismus,

THESEN

150

Karin Wilhelm HISTORICAL AWARENESS

The predominant historical awareness evolves in a historical-philosophical understanding of developments, epochs and methods of progress. If we think structurally, manifold possibilities emerge and we can question them: which aspects of this should be brought up to date—visualised in the here and now—and which are the tendencies we have truly left behind us, historically speaking? If we denote our picture of history as non-linear, attempting to locate it structurally in relationships and connections, we can arrive more easily at an understanding of the »Bauhaus update«!

Utopia and Myth

Jeannine Fiedler BAUHAUS UTOPIAS—EXPERIMENT BAUHAUS —THE BAUHAUS MODEL ...

... These titles are platitudes that attempt to make an open structure tangible to the public, because a utopia that has been fulfilled ceases to be one. Failure and fresh efforts are already founded in the nature of an experiment. The model—as a pre-formed pattern—is essentially inflexible, even when its reproductions deviate from the original form.

Karin Wilhelm UTOPIA AND THE BAUHAUS

An extremely idealistic concept and a very utopian idea were associated with Bauhaus products: the desire to create a society that was truly non-militant. The social models behind this were American capitalism, Fordism and socialism. At least, that was the way it seemed.

Jeannine Fiedler MATERIAL CULTURE

This new material culture in the twentieth century helped to charge everyday objects in a class-conscious sense, as well. The objects that were manufactured at the Bauhaus at that time—in order to bring about a better society, envisioned as dignified, good, practical, long-lasting functional objects—were actually unaffordable to the people for whom they were constructed, conceived and intended, and they are certainly no less so today.

Gerd de Bruyn VISION AND UTOPIA

We always have to take into account two opposing tendencies in modernity: on the one hand, there is the modernisation that happens in fact, e.g., in the course of Fordism, and on the other

und zum anderen das, was sich die Leute idealiter unter einer besseren Moderne, als die, die sie erleben, vorstellen wollen. Dieses Moment von Vision und Utopie und konkreter Bewältigung kommt im Bauhaus zusammen.

Jeannine Fiedler SPREADING THE GOSPEL
Gropius war das erste Marketing-Genie, das die Zeichen der Zeit erkannte, aber vor allem ihre technologischen und medialen Möglichkeiten zur Verbreitung des Mythos, seines Mythos zu nutzen wusste. Die Folge: die unverzüglich einsetzende Verklärung des Bauhauses durch sämtliche Beteiligten. Der sog. »Bauhausstil« war bereits in den 1920er Jahren eine Erfindung der Weimarer Presse und von cleveren Geschäftemachern.

Gerd de Bruyn FETISCH BAUHAUS
An diese Fetische knüpft sich die Gescheitheit von bestimmten Milieus. Wir sind inzwischen umgeben von einer unglaublichen Menge an Möbeln und Häusern, die unter »Bauhausstil« firmieren. Das Milieu, das sich mit dem Bauhaus beschäftigt, diese Produkte kauft und weiß, dass jener Stuhl ein Freischwinger von Mart Stam ist, ist ein geschmackssicheres Milieu – oder will es zumindest sein.

Materialismus und Poesie/Kunst und Technik

Karin Wilhelm DER ASPEKT DER POETISIERUNG ...
... war meines Erachtens im Bauhaus mindestens so wirksam wie die materialistische Frage: Wie setze ich das um? Was brauche ich dazu, um dieses Poetische leben zu können? Von diesen Strängen scheint das Bauhaus ideell durchzogen zu sein und in diesem Geflecht, in diesem widersprüchlichen Geflecht, bewegt sich das Phänomen.

Gerd de Bruyn INDUSTRIE UND POESIE
Im Bauhaus herrscht ein Zwist zwischen Industrie und Poesie oder wie Klee sagt: »Wir konstruieren, konstruieren, konstruieren – und Imagination ist immer noch eine schöne Sache.« So versucht er das poetische Moment gegen diese Entwicklung des Bauhauses zu setzen, sich immer mehr zu rationalisieren, um Anschluss an die Maschinenkultur und an die Industrie zu finden. Vielleicht ist das der besondere Charme des Bauhauses.

THESEN

hand, there is what people wish to imagine, more ideally, as a better modernity than the one they are actually experiencing. This aspect of vision or utopia and modernity's concrete achievements come together in the Bauhaus.

Jeannine Fiedler **SPREADING THE GOSPEL**
Gropius was the first marketing genius. He recognised the signs of the times, but above all, he knew how to exploit their technological and media possibilities to spread the myth—his myth. The outcome was the immediate transfiguration of the Bauhaus by all those involved. The so-called Bauhaus style was an invention already created by the Weimar press and some clever businessmen in the nineteen-twenties.

Gerd de Bruyn **BAUHAUS FETISH**
The awareness of certain social milieus was connected to these fetishes. In the meantime, we are surrounded by an incredible amount of furniture and housing that claims to be »Bauhaus style«. The social milieu that is concerned with the Bauhaus at all—buying these products and aware that a particular chair is a cantilever model by Mart Stam—is a milieu of secure taste, or at least it aims to be.

Materialism and Poetry/Art and Technology

Karin Wilhelm **THE ASPECT OF POETISING ...**
... was at least as effective, as I see it, as the materialistic question in the Bauhaus: How can I implement that? What do I require so that I can live out this poetic aspect? The Bauhaus seems to be permeated ideally by such threads and the phenomenon operates within this web, this contradictory web.

Gerd de Bruyn **INDUSTRY AND POETRY**
A dispute between industry and poetry dominated in the Bauhaus, or as Klee put it: »We construct, construct, construct—yet the imagination is still something beautiful.« In this way, he attempted to set the poetic moment against the Bauhaus development, whereby it was becoming more and more rationalised in order to catch up with the machine culture and industry. Perhaps that is the specific charm of the Bauhaus.

Jeannine Fiedler »KUNST UND TECHNIK – EINE NEUE EINHEIT« ...

... galt im Bauhaus in der Theorie, doch praktisch bedeutete das Motto nicht mehr als »technisch interessiert, aber kunstbeflissen«. Von Zeitgenossen als »doktrinäre Scheinaskese« entlarvt wurden Produkte aus den Bauhauswerkstätten: Denn hier schleichen sich »künstlerische Ästhetizismen durch die Hintertür, um technisch exakte Ingenieursleistungen zu torpedieren«. (Zitate von Ernst Kallai)

Annett Zinsmeister KUNST UND TECHNIK HEUTE
Nietzsche hatte einst die medientheoretische Einsicht formuliert, dass das Werkzeug an unseren Gedanken mitschreibt. Technische Medien, insbesondere digitale Werkzeuge, haben in der Gestaltung, in der Kommunikation, in der Produktion und Distribution eine zentrale Funktion gewonnen. Medienkompetenz ist eine breit gefächerte Fähigkeit, mit der wir uns heute in nie da gewesener Form befassen müssen. Anstatt mit geschichtsvergessenem Blick nur einen Weg zum richtigen, zukunftsweisenden zu erklären, müssen wir in der Lehre heute ein breites Spektrum anbieten. Das heißt, dass wir, wenn wir über digitale Medien sprechen, uns über die Bedeutung analoger Medien im klaren sein und auch beide Kompetenzen vermitteln müssen.

Lehre und Gesellschaft

Hans Dieter Huber NORM UND GESELLSCHAFT
Normen sind ein Moment der Reproduktion von Gesellschaft. Unterhält man sich heute über Gestaltung oder denkt darüber nach, wie man eigentlich in den nächsten 10, 20, 30 Jahren im 21. Jahrhundert gestalterisch lehren will, dann ist eine möglichst präzise Beschreibung der Gesellschaft, in der man lebt, notwendig. Man sollte sich darüber klar werden, in welcher Form von Gesellschaft man leben möchte. Was ist notwendig, um Gesellschaft zu erzeugen, Gesellschaft zu stabilisieren, Gesellschaft zu verändern und Gesellschaft zu reproduzieren? Diesbezüglich muss man die Frage der Normierung, die durch Wiederholung von Routinen entsteht, in Hinblick auf ein Lehrmodell der Zukunft unbedingt thematisieren.

Gerd de Bruyn NORM UND INDIVIDUALITÄT ...
... sind Aspekte, die weit über das Bauhaus hinausgehen. Sie sind eine moderne Erscheinung – vielleicht sogar schon eine Erscheinung der bürgerlichen Kultur. Erst mit der Vorstellung eines Indi-

THESEN

154

Jeannine Fiedler »ART AND TECHNOLOGY—A NEW UNITY« ...

... was the thesis accepted in the Bauhaus. However, in practical terms this motto meant no more than »technically interested, but assiduous in art«. Products from the Bauhaus workshops were unmasked by contemporaries as »doctrinaire, pretended asceticism«: for here, »artistic aestheticisms (crept in) through the back door to torpedo the engineers' exact achievements«. (Quotations from Ernst Kallai)

Annett Zinsmeister ART AND TECHNOLOGY TODAY

Nietzsche once formulated the insight of media theory that the instrument will always play its part in writing our ideas. Technical media, particularly digital tools, have developed a key function in design, communication, production, and distribution. Media competency is a wide-ranging ability, which we now have to consider in a previously inconceivable form. Rather than adopting a viewpoint that ignores history and identifies one single approach as the correct, path-breaking approach, we need to offer a wide spectrum in our teaching today. That means that when we refer to digital media, we also need to be clear about the importance of analogue media and teach both competencies.

Teaching and Society

Hans Dieter Huber THE NORM AND SOCIETY

Norms are one aspect of the reproduction of society. Today, when we talk about design or think about how to teach design in the next ten, twenty or thirty years of the twenty-first century, it is necessary to give the exactest description possible of the society in which we live. We ought to be clear about the type of society in which we wish to live. What is necessary in order to create society, stabilise society, to change and reproduce society? In this respect, with regard to a teaching model of the future, it is absolutely necessary to examine the question of norms that evolve via the repetition of routines.

Gerd de Bruyn NORM AND INDIVIDUALITY ...

... are issues that go much further than the Bauhaus. They are a modern phenomenon—perhaps they are even a phenomenon of bourgeois culture. Norms only develop together with the concept of the individual. The individual has asserted the norm as opposed to the »relative freedoms« of pre-modern, rule-based

viduums entstehen Normen. Das Individuum hat die Norm gegen die »relativen Freiheiten« vormoderner Regelästhetiken durchgesetzt. Der Individualismus ist der Ort der Produktion von Normen, während sich unter der großen Autorität des Glaubens, der Kirche, eher Regelkulturen etabliert hatten, die man nicht anzweifeln kann. Ein Mensch im Zeitalter des Vitruvianismus kann sich nicht davon verabschieden, aber in der Moderne kann man sich aus allen möglichen Regelsystemen verabschieden. Das zwingt vielleicht umso mehr, eine Vorgabe zu machen, die oft in einer Norm gipfelt. Das Bauhaus war eine solche Norm auf vielerlei Ebenen.

Lehrmodelle: Überlegungen, Denkskizzen, Visionen

Gerd de Bruyn LEHRMODELLE
Spätestens seit der Renaissance schaut man auf große vorbildliche Zeiten, Institutionen und Phänomene zurück. Und es bleibt einem nichts anderes übrig, als klüger zu sein – es kommt aber auch auf die Emphase, die Begeisterung der Lehrer an. Dies hat mit der Naivität zu tun, sich völlig einverstanden mit den Zielen zu erklären, die im jeweiligen Fach vertreten werden und welche die Schule als Generallinie vorgibt, wobei die Homogenisierung nach innen stets einer breiten Anschlussfähigkeit nach außen entsprechen sollte.

Jeannine Fiedler PLATEAU
Eine Schule vertritt gemeinhin eine Lehrmeinung oder eine Richtung. Das Bauhaus war dagegen vielmehr ein Plateau, von dem aus zurück oder in die Zukunft geschaut werden kann.

Hans Dieter Huber KUGELMODELL
Die Darstellung der Ausbildung am Bauhaus erfolgte über ein Kreismodell. In der Mitte des Kreises stand »der Bau«. In dem Schema der Ulmer Hochschule für Gestaltung ist es genau umgekehrt: Im Zentrum steht die Grundlehre und außen die einzelnen Disziplinen. Die Zeit ist reif, um die Zweidimensionalität von Lehrmodellen zu überwinden und in der Ausbildung dreidimensional zu denken. »Der Kopf ist rund, damit das Denken die Richtung ändern kann.« (Picabia) Die Entwicklung einer Trialektik bietet mehr Möglichkeiten der Betrachtung: Wir könnten ein Lehrsystem aus folgenden Bestandteilen entwickeln und lehren: Erstens eine Werk- oder Produktionslehre, die sich in materielle, syntaktische und semantische Aspekte aufteilen lässt. Zweitens

THESEN

aesthetics. Individualism is the production site of norms, while rule-based cultures that cannot be doubted tend to develop under the great authority of faith, the Church. A person in the age of Vitruvianism could not abandon it, but in the age of modernity one can say farewell to all imaginable rule systems. Perhaps that makes for an even greater compulsion to create parameters, which often culminate in a norm. On a range of levels, the Bauhaus was that kind of norm.

Teaching Models: Deliberations, Outline Ideas, Visions

Gerd de Bruyn **TEACHING MODELS**
Since the Renaissance at the latest, people have looked back to great, exemplary times, institutions and phenomena. And there is no alternative but to be wiser—but it is also a matter of teachers and their emphasis, their enthusiasm. This is linked to the naivety of declaring complete agreement with the represented aims in each subject, and those that the school prescribes as a general guideline—whereby inner homogeneity should always correspond to a broad capacity for external contacts.

Jeannine Fiedler **PLATEAU**
Generally, a school represents a teaching attitude or direction.
By contrast, the Bauhaus is more of a plateau, from which it is possible to look back or into the future.

Hans Dieter Huber **THE CIRCULAR MODEL**
The representation of training at the Bauhaus employed a circular model. In the middle of the circle was »the building«. Things are exactly the other way around in the plan of Ulm College of Design: basic teaching is at the centre and the individual disciplines are on the outside. The time is ripe to overcome the two-dimensionality of teaching models and to think three-dimensionally in education. »Our heads are round so our thoughts can change direction« (Picabia). The development of trialectics offers more possible ways of seeing things, and we might be able to develop and teach a training system with the following components: first, a theory of work and production, which can be subdivided into material, syntactical and semantic aspects. Secondly, a theory of observation, which is separated into individual, social and cultural observation. Thirdly, one ought to develop a social theory that takes up the question of how society is formed, reproduced or altered.

eine Lehre der Beobachtung, die sich in individuelle, soziale und kulturelle Beobachtung differenziert. Man müsste drittens eine Gesellschaftslehre entwickeln, welche die Frage aufgreift, wie sich Gesellschaft bildet, reproduziert oder verändert.

Jeannine Fiedler BAUHAUS-RHIZOM

Nur eine lebendige Wurzel hat die Kraft, so viele Sprossen zu treiben, Verzweigungen zu erzeugen. Das Bild eines Rhizoms als Erdspross mit Speicherfunktion als Analogon zum berühmten Zitat von Mies van der Rohe »Nur eine Idee hat die Kraft, sich so weit zu verbreiten.« ...

Kai-Uwe Hemken RHIZOM

Das Modell des Bauhauses ist ein Modell der Sukzession, während das Modell der Hochschule für Gestaltung in Ulm bemüht war um die Gleichrangigkeit unterschiedlicher Studienfächer. Nach diesem Schema wäre der Ausbildungsstand nach einer erfolgreich absolvierten Ausbildung hochgradig komplex. Eine rhizomatische Struktur wäre meines Erachtens ein Modell, das man anstreben könnte, in dem sich durch die Bildung von Schnittmengen inhaltlich die Möglichkeiten des Andockens und Verbindens bieten.

Hans Dieter Huber DENKWERKSTATT

Wir brauchen eine umfassende ästhetische Bildung im 21. Jahrhundert, die nach der Zukunft der Gestaltung fragt und welche Funktion sie für die Gesellschaft und ihre Weiterentwicklung haben kann. Die verschiedenen Disziplinen sind sich am Anfang immer etwas fremd, aber das gegenseitige Lernen voneinander und auch das Verstehen der Differenzen und der Gemeinsamkeiten ist enorm. Wir hätten gute Chancen, Interdisziplinarität neu zu beschreiben, neu zu formen und auch in neue Ansätze der Gestaltung zu überführen. Wir müssten es einfach ausprobieren und stärker experimentieren. Eine Hochschule muss eine Denkwerkstatt sein, die nach vorne gerichtet ist.

Kai-Uwe Hemken VISIONÄRE EINHEITEN

Wir brauchen Institutionen bzw. gesellschaftliche Einheiten, die Visionen produzieren, sie in Worte fassen, ins Bild setzen – in welcher ästhetischen Form auch immer. Es sind die Kunst, die Gestaltung, die Wissenschaft, die tatsächlich vermögen, Visionen zu formulieren, sie umzusetzen und am Leben zu erhalten. Genau das war am Bauhaus so bemerkenswert und ist auch in Zukunft als Grunddisposition wünschenswert.

THESEN

Jeannine Fiedler **THE BAUHAUS RHIZOME**
Only a vigorous root has the strength to put forth so many shoots,
to create branches. The image of a rhizome as the growth in the
soil that functions as a store is a successful analogy to the famous quotation from Mies van der Rohe »Only an idea has the
power to spread itself so far.«

Kai-Uwe Hemken **RHIZOME**
The Bauhaus model was a successive model, whereas the model
of the College of Design in Ulm seeks to implement equality between different study subjects. According to this scheme, the
student's educational status after a successfully completed training course is extremely complex. A rhizome-like structure, in my
opinion, is a desirable model and can be targeted by creating
intersections that offer opportunities for docking and linking
content.

Hans Dieter Huber **WORKSHOP OF IDEAS**
We need comprehensive aesthetic education in the twenty-first
century, investigating the future of design and what function it
can adopt for society and its development. At the beginning,
naturally, the different disciplines are rather unfamiliar to each
other, but there is tremendous mutual learning and the understanding of differences and shared aspects. We will have excel-
lent opportunities to re-describe and re-form the interdisciplinary and to translate it to fresh design approaches. We simply
need to test it and experiment more. A university or college
needs to be a workshop of forward-looking ideas.

Kai-Uwe Hemken **VISIONARY UNITIES**
We need institutions or social units that produce visions, express
them in words, visualise them—no matter what aesthetic form is
used. Art, design and science are the fields truly capable of for-
mulating and realising visions, and of keeping them alive. That is
what was so remarkable at the Bauhaus and it remains a basic
disposition desirable in the future.

Gerd de Bruyn **DE-INSTITUTIONALISING**
In order to renew the institution of the academy, a de-institutionalising seems to be necessary; it should be relinked to artists,
like Olafur Eliasson and others, who are asserting a very interesting update of this interdisciplinary idea by identifying art with
research. That was also the idea of the Bauhaus! The Bauhaus

159

Gerd de Bruyn ENT-INSTITUTIONALISIERUNG

Um die Institution der Akademie zu erneuern, scheint eine Ent-Institutionalisierung notwendig, indem man sie rückbindet an Künstler wie beispielsweise Olafur Eliasson und andere, die ein sehr interessantes Update dieses Gedankens der Interdisziplinarität durchsetzen, indem sie Kunst und Forschung identifizieren. Das ist die Idee des Bauhauses! Das Bauhaus ist deshalb interessant, weil die Interdisziplinarität dort durch ein forschendes Lehren gegeben war. Man denke nur an Paul Klees »Pädagogisches Skizzenbuch«, das den Avantgardismus in die Institution Bauhaus integrierte und sogar lehrbuchtauglich machte.

Philip Ursprung ARBEITSTEILIGES STUDIO

Das aktuelle Studiomodell von Olafur Eliasson ist hoch interessant. Mit seiner Zeitprofessur an der Universität der Künste trennt er seine Lehre von der Hochschulinstitution: Er nimmt an keiner Sitzung teil und die Studierenden kommen zu ihm. Ich denke, dass so eine Schule funktionieren kann. Eines der Geheimnisse ist, dass die Struktur des Studios auf einer arbeitsteiligen Organisation basiert, die Wissenschaftler, Techniker, Theoretiker, Autobauer einbezieht, dann auch wieder ausspuckt, aber sie ab und zu teilhaben lässt. Zwei Kunsthistorikerinnen kümmern sich um Lektüre, Statements, Diskurs. Eine Besonderheit des Bauhauses war, dass viele unterschiedliche Leute von überall her kamen und das hat auch an der Architectural Association School for Architecture in London um 1970 funktioniert, sowie kurze Zeit in Peter Eisenmans Institut in New York und wahrscheinlich funktioniert die Struktur in Rem Koolhaas' OMA/AMO – Office for Metropolitan Architecture ähnlich, wo seit jeher ein kontinuierlicher Austausch besteht. Wichtig ist, dass das Büro oder die Hochschule ein Flughafenterminal und eine Art Bühne ist, auf welcher Zirkulation stattfinden kann.

Gerd de Bruyn SATELLITENMODELL

Wir haben in den Universitäten ganz deutlich eine Auslagerung, ein Outsourcing oder eine Satellitenbildung in den größten Forschungsanstrengungen, beispielsweise in den Max-Planck- und Fraunhofer-Instituten. Die Förderungen für Elite-Hochschulen sind genau in jene Universitäten geflossen (jedenfalls in der ersten Charge), die eine große Peripherie an derlei Einrichtungen haben. Vielleicht ist das ein Modell, mit dessen Hilfe Reformziele getestet werden können, bevor sie in all den Gremien und Modularisierungsprozessen, denen wir unterworfen sind, zerredet werden.

THESEN

160

remains interesting today because there, the interdisciplinary existed as a result of teaching that was also research. One need only think of Paul Klee's »Pedagogic Sketchbook«, which integrated avant-gardism into the Bauhaus as an institution and even made it suitable for a textbook.

Philip Ursprung **WORK-SHARING STUDIO**
Olafur Eliasson's current studio model is extremely interesting. In his temporary professorship at Berlin University of the Arts, he separates his teaching from the institution of the university: he doesn't participate in any official meetings and the students go to him. I think that kind of school may work. One of his secrets is the fact that the studio's structure is based on a work-sharing principle, which involves scientists, technicians, theorists or even car-makers and then »spits« them out again—but it allows them to participate now and then. Two art historians take care of reading, statements, and discourse. One special feature of the Bauhaus was that many different people from all over the world came there; that also worked at the Architectural Association School for Architecture in London around 1970, and at Peter Eisenman's institute in New York for a short time, and the structure probably functions in a similar way in Rem Koolhaas' OMA/AMO—Office for Metropolitan Architecture, where permanent exchange has been taking place for a long time now. The important thing is that the office or the university acts as an airport terminal and a kind of stage, on which circulation is able to take place.

Gerd de Bruyn **SATELLITE MODEL**
At our universities, quite clearly, there is outsourcing or a formation of satellites regarding the major efforts of research, e.g., in the Max Planck and Fraunhofer Institutes. The subsidies for elite universities (at least in the first round) have flowed into those universities which dispose of a large periphery of such institutions. Perhaps that is a model that can help us to test the aims of reform before they are talked to death in all the committees and modularising processes that we are subject to these days.

Annett Zinsmeister **SELF-DETERMINATION**
Live and let live, work and let work was Walter Gropius' liberal and very trusting guideline; he left the teacher personalities appointed at the Bauhaus the greatest possible freedom with regard to their teaching and artistic activity. The Bauhaus was an

Annett Zinsmeister SELBSTBESTIMMUNG

Leben und leben lassen, wirken und wirken lassen, war die liberale und vertrauensvolle Leitidee von Walter Gropius, der den berufenen Lehrerpersönlichkeiten am Bauhaus den größtmöglichen Spielraum in der Verbindung von Lehre und künstlerischer Tätigkeit ließ. Das Bauhaus war ein Experiment, das maximale Präsenz (gemeinsames Leben und Arbeiten in direkter Nachbarschaft in Dessau) sowie Absenz der Lehrenden (es gab kein zeitlich bindendes Lehrdeputat) möglich machte. Die Meister trugen die alleinige Verantwortung für die Gestaltung und Lehre in ihren Werkstätten und wurden bis auf eine übergeordnete Struktur, die die Anschlussfähigkeit gewährleisten sollte, in keine modularen Regelwerke gezwängt. Freiheit in der künstlerischen Entwicklung und Freiheit in der Lehre sind sicher die größte Motivation und beste Voraussetzung für innovative Lehrkonzepte.

experiment that enabled the maximum presence (the direct proximity of shared life and work in Dessau) and absence of its teachers (there was no fixed teaching load in terms of hours). The masters bore sole responsibility for the design and teaching in their workshops and were not forced into any set of modular rules, apart from a superordinate structure that was intended to guarantee the possibility of contacts and links. Freedom of artistic development and teaching are surely the greatest motivation and the best precondition to innovative teaching concepts.

Bibliografie
Bibliography

| *50 Jahre Bauhaus Dessau. Wissenschaftliches Kolloquium in Weimar 27.–29. Oktober 1976* (Wissenschaftliche Zeitschrift der Hochschule für Architektur und Bauwesen, Jg. 23/1976. H. 5/6). Weimar 1976 | Ackermann, Ute/Bestgen, Ulrike (Hg.): *Das Bauhaus kommt aus Weimar* (Ausst.-Kat. Klassik Stiftung Weimar). Berlin/München 2009 | Anna, Susanne (Hg.): *Das Bauhaus im Osten. Slowakische und Tschechische Avantgarde 1928–1939.* Ostfildern-Ruit 1997 | Arp, Hans/El Lissitzky: *Die Kunstismen – Les Ismes de L'Art – The Isms of Art 1914–1924.* Zürich/München/Leipzig 1925 | *bauhaus. Zeitschrift für Gestaltung.* Dessau 1926–1931 (vierteljährlich) | Bauhaus-Archiv Berlin/Stiftung Bauhaus Dessau/Klassik Stiftung Weimar (Hg.): *Modell Bauhaus* (Ausst.-Kat.). Ostfildern-Ruit 2009 | Bauhaus-Archiv Berlin (Hg.): *bauhaus-möbel. Eine Legende wird besichtigt,* (Ausst.-Kat.). Berlin 2002 | Bauhaus-Archiv Berlin/Kunstmuseum Bern/Kunstsammlungen zu Weimar (Hg.): *Das frühe Bauhaus und Johannes Itten* (Ausst.-Kat.). Ostfildern-Ruit 1994 | Bauhaus-Archiv Berlin (Hg.): *Experiment Bauhaus. Das Bauhaus-Archiv, Berlin (West) zu Gast im Bauhaus Dessau* (Ausst.-Kat.). Berlin 1988 | Bauhaus-Archiv Berlin/Busch-Reisinger Museum, Harvard University Art Museums, Cambridge/Mass. (Hg.): *Walter Gropius* (Ausst.-Kat.). Berlin 1985 | Bauhaus-Archiv Berlin (Hg.): *Bauhaus Berlin. Auflösung Dessau 1932. Schließung Berlin 1933. Bauhäusler und Drittes Reich.* Weingarten 1985 | Bauhaus-Archiv Berlin (Hg.): *Samm-lungs-Katalog. Architektur Design Malerei Graphik Kunstpädagogik.* Berlin 1981 | *Bauhauskolloquium 5.–7. Juli 1983* (Wissenschaftliche Zeitschrift der Hochschule für Architektur und Bauwesen, Jg. 29/1983. H. 5/6). Weimar 1983 | *Bauhauskolloquium 27.–29. Juni 1979 in Weimar* (Wissenschaftliche Zeitschrift der Hochschule für Architektur und Bauwesen, Jg. 26/1979. H. 4/5). Weimar 1979 | Bayer, Herbert/Gropius, Walter/Gropius, Ise (eds.): *Bauhaus 1919–1928* (Ausst.-Kat.). New York 1938 | Bergdoll, Barry/Dickerman, Leah (eds.): *Bauhaus 1919 1933. Workshops for Modernity* (Ausst.-Kat.). New York 2009 | Betts, Paul: *The Authority of Everyday Objects. A Cultural History of West German Industrial Design.* Berkeley/Los Angeles/London 2004 | Brüning, Ute (Hg.): *Das A und O des Bauhauses. Bauhauswerbung: Schriftbilder, Drucksachen, Ausstellungsdesign* (Ausst.-Kat.). Leipzig 1995 | The Busch Reisinger Museum (Hg.): *Concepts of the Bauhaus. The Busch-Reisinger Museum Collection.* Cambridge, Mass. 1971 | Claus, Jürgen: *Das elektronische Bauhaus. Gestaltung mit Umwelt.* Osnabrück 1987 | Claussen, Horst: *Walter Gropius. Grundzüge seines Denkens* (Studien zur Kunstgeschichte. Bd. 39). Hildesheim 1986 | Cohen, Arthur A.: *Herbert Bayer. The Complete Work.* Cambridge, Mass./London 1984 | Dearstyne, Howard: *Inside the Bauhaus.* New York 1986 | Dexel, Walter: *Der Bauhausstil – ein Mythos. Texte 1921–1965.* Starnberg 1976 | Droste, Magdalena/Ludewig, Manfred (Hg.): *das bauhaus webt. die textilwerkstatt am bauhaus.* Berlin 1998 | Droste, Magdalena: *Bauhaus 1919 1933.* Köln 1990 | Droste, Magdalena (Hg.): *Gunta Stölzl. Weberei am Bauhaus und aus eigener Werkstatt* (Ausst.-Kat.). Berlin 1987 | Fiedler, Jeannine (Hg.): *Bauhaus.* Königswinter 2006 | Fiedler, Jeannine (Hg.): *Social Utopias of the Twenties. Bauhaus, Kibbutz and the Dream of the New Man.* Dessau/Tel Aviv/Wuppertal 1995 | Fiedler, Jeannine (Hg.): *Fotografie am Bauhaus* (Ausst.-Kat.). Berlin 1990 | Fleischmann, Gerd (Hg.): *Bauhaus. Drucksachen, Typografie, Reklame.* Düsseldorf 1984 | *Form + Zweck. Fachzeitschrift für industrielle Formgestaltung* (Sonderhefte Bauhaus) Jg. 8, 1976, H. 6: *50 Jahre Bauhaus Dessau* (1. Bauhausheft); Jg. 11, 1979, H. 3: *Bauhaus Weimar Dessau Berlin 1919–33* (2. Bauhausheft); Jg. 15, 1983, H. 2: *Neues Bauen – Neues Gestalten* (3. Bauhausheft) | Gärtner, Ulrike/Hemken, Kai-Uwe/Schierz, Kai Uwe (Hg.): *Kunst Licht Spiele. Lichtästhetik der klassischen Avantgarde* (Ausst.-Kat.). Bielefeld 2009 | Gaßner, Hubertus (Hg.): *Wechselwirkungen. Ungarische Avantgarde in der Weimarer Republik.* Marburg 1986 | Giedion, Sigfried: *Raum, Zeit, Architektur. Die Entstehung einer neuen Tradition.* Ravensburg 1965 | Giedion, Sigfried: *Bauen in Frankreich, Bauen in Eisen, Bauen in Eisenbeton.* Leipzig/Berlin 1928 | Greenberg, Allan Carl: *Artists and Revolution. Dada and the Bauhaus, 1917–1925.* Ann Arbor/Michigan 1979 | Gropius, Walter: *bauhaus bauten dessau* (Bd. 12 der *Bauhausbücher*). München 1930 | Haenlein, Carl (Hg.): *Photographie und Bauhaus* (Auss.-Kat.). Hannover 1986

| Hahn, Peter/Engelbrecht, Lloyd C. (Hg.): *50 Jahre new bauhaus. Bauhausnachfolge in Chicago* (Ausst.-Kat.). Berlin 1987 | Hahn, Peter/Wingler, Hans M. (Hg.): *100 Jahre Walter Gropius. Schließung des Bauhauses 1933.* Berlin 1983 | Hahn, Peter (Einf.): *Künstler des Bauhauses. Arbeiten von 26 Meistern und Schülern aus der Zeit von 1919 bis 1983.* Weingarten 1983 | Hahn, Peter: *Junge Maler am Bauhaus* (Ausst.-Kat.). München 1979 | Herzogenrath, Wulf/Kraus, Stefan (Hg.): *Erich Consemüller. Fotografien Bauhaus Dessau.* München 1989 | Herzogenrath, Wulf (Hg.): *bauhaus utopien. Arbeiten auf Papier* (Ausstell.-Kat.). Stuttgart 1988 | Hüter, Karl-Heinz: *Das Bauhaus in Weimar. Studie zur gesellschaftspolitischen Geschichte einer deutschen Kunstschule.* Berlin 1976 | Isaacs, Reginald R.: *Walter Gropius. Der Mensch und sein Werk,* Bd. 1/2. Frankfurt a.M./Berlin 1986 | Itten, Johannes: *Mein Vorkurs am Bauhaus. Gestaltungs- und Formenlehre.* Ravensburg 1963 | Kandinsky, Wassily: *Punkt und Linie zu Fläche. Beitrag zur Analyse der malerischen Elemente.* Bern 1973 | Kandinsky, Wassily: *Über das Geistige in der Kunst.* Bern 1952 | Kieren, Martin: *Hannes Meyer. Architekt 1859–1954. Dokumente zur Frühzeit. Architektur- und Gestaltungsversuche 1919–1927.* CH-Heiden 1990 | Klee, Paul: *Über die moderne Kunst.* Bern 1945 | Költzsch, Georg-W./Tupitsyn, Margarita (Hg.): *Bauhaus: Dessau – Chicago – New York* (Ausst.-Kat.). Köln 2000 | Lindinger, Herbert (Hg.): *Die Moral der Gegenstände. Hochschule für Gestaltung Ulm.* Berlin 1987 | El Lissitzky: *Russland. Die Rekonstruktion der Architektur in der Sowjetunion* (Neues Bauen in der Welt, Band 1). Wien 1930 | Manovich, Lev: *The Language of New Media.* Cambridge/London 2001 | Manske, Beate/Scholz, Gudrun (Hg.): *Täglich in der Hand. Industrieformen von Wilhelm Wagenfeld aus sechs Jahrzehnten.* Worpswede 1988 | Michelis, Marco de/Kohlmeyer, Agnes (Hg.): *Bauhaus 1919–1933. Da Klee a Kandinsky, da Gropius a Mies van der Rohe* (Ausst.-Kat.). Mailand 1996 | Moholy-Nagy, László: *von material zu architektur* (Bd. 14 der *Bauhausbücher*). München 1929 | Moholy-Nagy, László: *Malerei Photographie Film* (Bd. 8 der *Bauhausbücher*). München 1925 | Naylor, Gillian: *The Bauhaus Reassessed: Sources and Design Theory.* London 1985 | Nerdinger, Winfried (Hg.): *Bauhaus-Moderne im Nationalsozialismus. Zwischen Anbiederung und Verfolgung.* München 1993 | Neumann, Eckhard (Hg.): *Bauhaus und Bauhäusler. Erinnerungen und Bekenntnisse.* Köln 1985 | Neumeyer, Fritz: *Mies van der Rohe. Das kunstlose Wort. Gedanken zur Baukunst.* Berlin 1986 | Neutra, Richard J.: *Amerika* (*Neues Bauen in der Welt,* Band 2). Wien 1930 | Nicolaisen, Dörte (Hg.): *Das andere Bauhaus. Otto Bartning und die Staatliche Bauhochschule Weimar 1926–1930* (Ausst.-Kat.). Berlin 1997 | Nonne-Schmidt, Helene (Hg.): *Joost Schmidt. Lehre und Arbeit am Bauhaus 1919–1932,* Düsseldorf 1984 | Oswalt, Philipp: *Bauhaus Streit 1919–2009. Kontroversen und Kontrahenten.* Ostfildern-Ruit 2009 | Wick, Rainer K.: *Teaching at the Bauhaus.* Ostfildern-Ruit 2000 Passuth, Krisztina: *Moholy-Nagy.* Weingarten 1986 | Poling, Clark V.: *Kandinsky-Unterricht am Bauhaus.* Weingarten 1982 | Probst, Hartmut/Schädlich, Christian (Hg.): *Walter Gropius* (Bd. 1–3). Berlin 1985 | Rewald, Sabine (Hg.): *Paul Klee. Die Sammlung Berggruen im Metropolitan Museum of Art.* Ausst.-Kat., Stuttgart 1989 | Riezler, Walter (Hg.): *Die Form ohne Ornament* (*Bücher der Form,* Band 1). Stuttgart/Berlin/Leipzig 1924 | Roh, Franz/Tschichold, Jan (Hg.): *foto-auge/oeil et photo/photoeye.* Stuttgart 1929 | Schädlich, Christian: *Bauhaus Weimar 1919–1925* (*Tradition und Gegenwart,* Heft 35). Weimar 1979 | Scheidig, Walther: *Bauhaus Weimar. Werkstattarbeiten 1919–1924.* Leipzig 1966 | Scheper, Dirk: *Oskar Schlemmer – Das Triadische Ballett und die Bauhausbühne* (Schriftenreihe der AdK Band 20). Berlin 1988 | Schnaidt, Claude: *Hannes Meyer. Bauten, Projekte und Schriften.* CH-Heiden 1965 | Schöbe, Lutz/Thöner, Wolfgang (Hg.): *Stiftung Bauhaus Dessau. Die Sammlung.* Ostfildern 1995 | Schulze, Franz: *Mies van der Rohe. A Critical Biography.* Chicago 1985 | Seemann, Hellmuth Th./Valk, Thorsten (Hg.): *Klassik und Avantgarde. Das Bauhaus in Weimar 1919–1925.* Göttingen 2009 | Siebenbrodt, Michael (Hg.): *Bauhaus Weimar. Entwürfe für die Zukunft.* Ostfildern-Ruit 2000 | Siebenbrodt, Michael/Schöbe, Lutz: *Bauhaus 1919–1933 Weimar Dessau Berlin.* New York 2009 | Spaeth, David (Hg.): *Mies van der Rohe. Der Architekt der technischen Perfektion.* Stuttgart/München 1986 | Staatliches Bauhaus Weimar 1919–1923 (Ausst.-Kat.). Weimar/München 1923 | Taut, Bruno: Bauen. *Der neue Wohnbau.* Leipzig/Berlin 1927 | Wahl, Volker (Hg.): *Die Meisterratsprotokolle des Staatlichen Bauhauses Weimar 1919 bis 1925.* Weimar 2001 | Weber, Klaus (Hg.): *Punkt Linie Fläche.*

druckgraphik am bauhaus (Ausst.-Kat.). Berlin 1999 | Weber, Klaus (Hg.): *Die Metallwerkstatt am Bauhaus* (Ausst.-Kat.). Berlin 1992 | Weber, Klaus (Hg.): *Keramik und Bauhaus* (Ausst.-Kat.). Berlin 1989 | Whitford, Frank (Hg.): *Das Bauhaus. Selbstzeugnisse von Meistern und Studenten.* Stuttgart 1993 | Wick, Rainer K. (Hg.): *Ist die Bauhaus-Pädagogik aktuell?* Köln 1985 | Wick, Rainer K.: *Bauhaus Pädagogik.* Köln 1982 | Wilhelm, Karin: *Walter Gropius. Industriearchitekt.* Braunschweig/Wiesbaden 1983 | Wilhelm, Karin: *materialien zum bauhaus.* Berlin 1983 | Wingler, Hans Maria: *Das Bauhaus 1919–1933. Weimar – Dessau – Berlin und die Nachfolge in Chicago seit 1937.* Bramsche 1975 | Wingler, Hans Maria: *Kleine Bauhaus-Fibel. Geschichte und Wirken des Bauhauses 1919–1933. Mit Beispielen aus der Sammlung des Bauhaus-Archivs.* Berlin 1974 | Winkler, Klaus-Jürgen: *Die Architektur am Bauhaus in Weimar.* Berlin/München 1993 | Wolfe, Tom: Mit dem Bauhaus leben. *Die Diktatur des Rechtecks.* Königstein/Ts. 1982 | Württembergischer Kunstverein Stuttgart (Hg.): *50 jahre bauhaus* (Ausst.-Kat.). Stuttgart 1968

Autorenverzeichnis

GERD DE BRUYN ist seit 2001 Professor für Architekturtheorie und Direktor des Instituts Grundlagen moderner Architektur und Entwerfen (Igma) der Fakultät Architektur und Stadtplanung der Universität Stuttgart. Seit 2009 leitet er das Internationale Zentrum für Kultur- und Technikforschung (IZKT) in Stuttgart. Studium der Philosophie, Literatur- und Musikwissenschaft sowie Architektur an der Frankfurter Städelschule. Promotion in Soziologie an der TH Darmstadt. Arbeitsschwerpunkte betreffen die Architektur- und Kulturtheorien des 18., 19. und 20. Jahrhunderts. ¶ Publikationen u.a.: *Die enzyklopädische Architektur. Zur Reformulierung einer Universalwissenschaft* (2008) | *architektur-theorie.doc Texte seit 1960* (Hg. mit S. Trüby 2003) | *Fisch und Frosch. Oder die Selbstkritik der Moderne* (2001) | Im Herbst 2010 erscheint: *Das Wissen der Architektur* (Hg. zusammen mit Wolf Reuter).

JEANNINE FIEDLER ist freischaffende Autorin, Lektorin und Kuratorin in Berlin. Studium der Theaterwissenschaften und Filmtheorie, Kunstgeschichte und Publizistik. Gastkuratorin am Bauhaus-Archiv Berlin; Assistenz bei Bazon Brock an der Bergischen Universität Wuppertal; Gastprofessur an der GH Kassel, Fachbereich für Kunst und Design. ¶ Publikationen zur Film- und Fotogeschichte und Design, u.a. *László Moholy-Nagy. Color in Transparency. Fotografische Experimente in Farbe 1934–1946* (Hg. mit Hattula Moholy-Nagy, Bauhaus-Archiv, 2006) | *Bauhaus* (Hg., 1999, 2. Auflage 2006) | *Social Utopias of the Twenties. Bauhaus, Kibbutz and the Dream of the New Man* (Hg.: Stiftung Bauhaus Dessau Friedrich-Ebert Stiftung, 1995) | *Fotografie am Bauhaus* (Hg.: Bauhaus-Archiv, 1990).

SOKRATIS GEORGIADIS ist seit 1994 Professor für Architektur- und Designgeschichte an der Staatlichen Akademie der Bildenden Künste Stuttgart. Lehrtätigkeit an der Architectural Association und Polytechnic of Central London, ETH Zürich, Universität Bern und Kunsthochschule Berlin Weißensee. Forschungsschwerpunkte: Geschichte und Theorie der Architektur des 19. und 20. Jahrhunderts und archaische griechische Architektur. ¶ Neuere Publikationen u.a.: *The Aegean Beyond the Walls – Archaic Cosmopolitanism* (2006) | *Architectural Drawing: A Strange Machine* (2006) | *A Battle of Curves – The Stylobate Curvature in Greek Temple Architecture* (2007) | *Koren und Antefixe – Metamorphosen der menschlichen Figur in der griechischen Architektur und ihre Deutung* (2009) | *La promesa de la modernidad – Sigfried Giedion y la invención de una »nueva tradición«* (2010).

KAI-UWE HEMKEN ist Professor für Kunstgeschichte der Moderne mit den Schwerpunkten Klassische Moderne und Gegenwartskunst an der Kunsthochschule Kassel. 1992 Promotion zur Klassischen Avantgarde, 2003 Habilitation zur Gedächtnis-Kunst in der Gegenwart. 1994–2005 Kustos der Kunstsammlungen der Ruhr-Universität Bochum. ¶ Zahlreiche Publikationen u.a. *El Lissitzky: Revolution und Avantgarde* (1990) | *Konstruktivistische Internationale schöpferische Arbeitsgemeinschaft 1922–1927. Utopien für eine europäische Kultur* (Hg. mit B. Finkeldey, R. Stommer 1994), *Gedächtnisbilder* (1996) | *Bilder in Bewegung. Traditionen digitaler Ästhetik* (2000) | Gerhard Richter: 18. Oktober 1977 (1998), *Modernisierung des Sehens: Sehweisen zwischen Künsten und Medien* (Hg. mit Matthias Bruhn 2008) | *KunstLichtSpiele: Lichtästhetik der klassischen Avantgarde* (Hg. mit U. Gärtner, K.-U. Schierz, S. Knorr, 2009).

HANS DIETER HUBER ist seit 1999 Professor für Kunstgeschichte der Gegenwart, Ästhetik und Kunsttheorie an der Akademie der Bildenden Künste Stuttgart und seit 2006 Leiter des Internationalen Master-Studiengangs Konservierung Neuer Medien und digitaler Information sowie assoziierter Professor am Graduiertenkolleg Bild, Körper, Medium an der HfG Karlsruhe. 1997–1999 war er Professor für Kunstgeschichte an der Hochschule für Grafik und Buchkunst, Leipzig und 2007 Senior Fellow am Internationalen Forschungszentrum Kulturwissenschaften in

List of the Authors

GERD DE BRUYN has been professor of architectural theory and director of the institute Basics of Modern Architecture and Planning (Grundlagen moderner Architektur und Entwerfen, Igma) in the Faculty of Architecture and Urban Planning at the University of Stuttgart since 2001. Since 2009, he has been head of the International Centre for Cultural and Technical Research (Internationales Zentrum für Kultur- und Technikforschung, IZKT) in Stuttgart. He studied philosophy, literature, music studies, and architecture at the Städelschule in Frankfurt am Main. His doctorate in sociology was completed at the TH Darmstadt. His specialist fields are eighteenth-, nineteenth-, and twentieth-century architectural and cultural theories. ¶ Publications incl.: *Die enzyklopädische Architektur: Zur Reformulierung einer Universalwissenschaft* (2008) | *architektur-theorie.doc Texte seit 1960* (co-ed. with S. Trüby 2003) | *Fisch und Frosch. Oder die Selbstkritik der Moderne* (2001) | Appearing in autumn 2010: *Das Wissen der Architektur* (co-ed. with Wolf Reuter).

JEANNINE FIEDLER is a freelance writer, editor, and curator living in Berlin. She studied theatre studies and film theory, art history and journalism. She was guest curator at the Bauhaus-Archive Berlin; assistant to Bazon Brock at the Bergische Universität Wuppertal; guest professorship at the GH Kassel, Department of Art and Design. ¶ Publications on the history of film, photography and design, incl. *László Moholy-Nagy. Color in Transparency. Fotografische Experimente in Farbe 1934–1946* (co-ed. with Hattula Moholy-Nagy, Bauhaus-Archiv, 2006) | *Bauhaus* (ed., 1999, 2nd edition 2006) | *Social Utopias of the Twenties. Bauhaus, Kibbutz and the Dream of the New Man* (ed. Stiftung Bauhaus Dessau Friedrich-Ebert Stiftung, 1995) | *Fotografie am Bauhaus* (ed. Bauhaus-Archiv, 1990).

SOKRATIS GEORGIADIS has been professor of the history of architecture and design at the State Academy of Fine Arts Stuttgart since 1994. He has taught at the Architectural Association and Polytechnic of Central London, the ETH Zurich, the University of Bern and the College of Arts Berlin Weißensee. Specialist fields of research: nineteenth- and twentieth-century architectural history and theory, and Archaic Greek architecture. ¶ Recent publications incl.: *The Aegean Beyond the Walls—Archaic Cosmopolitanism* (2006) | *Architectural Drawing: A Strange Machine* (2006) | *A Battle of Curves—The Stylobate Curvature in Greek Temple Architecture* (2007) | *Koren und Antefixe—Metamorphosen der menschlichen Figur in der griechischen Architektur und ihre Deutung* (2009) | *La promesa de la modernidad—Sigfried Giedion y la invención de una »nueva tradición«* (2010).

KAI-UWE HEMKEN is professor of art history specialising in classical modernism and contemporary art at the College of Arts Kassel. 1992, doctorate on the classical avant-garde; 2003, professorial dissertation on contemporary »Remembrance Art«. 1994–2005, custodian of the art collections at the Ruhr-University Bochum. ¶ Numerous publications incl. *El Lissitzky: Revolution und Avantgarde* (1990) | *Konstruktivistische Internationale schöpferische Arbeitsgemeinschaft 1922–1927. Utopien für eine europäische Kultur* (co-ed. with B. Finkeldey, R. Stommer 1994) | *Gedächtnisbilder* (1996) | *Bilder in Bewegung. Traditionen digitaler Ästhetik* (2000) | *Gerhard Richter: 18. Oktober 1977* (1998) | *Modernisierung des Sehens: Sehweisen zwischen Künsten und Medien* (co-ed. with Matthias Bruhn 2008) | *KunstLichtSpiele: Lichtästhetik der klassischen Avantgarde* (co-ed. with U. Gärtner, K.-U. Schierz, S. Knorr, 2009).

Wien. ¶ Zahlreiche Publikationen u.a.: *System und Wirkung. Interpretation und Bedeutung zeitgenössischer Kunst* (1989) I *Dan Graham. Interviews* (1997) I *Kunst des Ausstellens* (2002) I *Bild Medien Wissen* (2002) I *Bild, Beobachter, Milieu. Entwurf einer allgemeinen Bildwissenschaft* (2004) I *Paolo Veronese. Kunst als soziales System* (2005) I *Kunst als soziale Konstruktion* (2007) I *Das Jahrhundert der Extreme* (2010).

NIKO.31/NILS EMDE niko.31 ist ein Diskurs- und Darstellungsraum für Aktionsformen rund um die Themen Stadt, Kultur, Landschaft und soziales Engagement in Leipzig, gegründet 2001 von Jens Fischer, Katja Heinecke, Reinhard Krehl, Silke Steets. Die Projekte und Aktionen von niko.31 setzen im unmittelbaren Lebensumfeld städtischer Akteure an. Durch Interventionen werden Anreize geschaffen, um verloren gegangene Kommunikation wieder herzustellen oder neue Interaktionsformen zu erfinden. Nils Emde ist Künstler und lebt in Hamburg.

PHILIP URSPRUNG ist seit 2005 Professor für Moderne und zeitgenössische Kunst an der Universität Zürich. Lehre der Kunst- und Architekturgeschichte u.a. an der ETH Zürich, der Universität der Künste Berlin und der Columbia University New York. ¶ Zahlreiche Publikationen u.a.: *Grenzen der Kunst: Allan Kaprow und das Happening, Robert Smithson und die Land Art* (2003) I *Herzog & de Meuron: Naturgeschichte* (Hg., 2002) I *Caruso St John: Almost Everything* (Hg., 2008) I *Die Kunst der Gegenwart* (2010).

KARIN WILHELM ist seit 2001 Professorin für Geschichte und Theorie der Architektur und Stadt an der Technischen Universität Braunschweig. Studium der Kunstgeschichte, Philosophie und Soziologie. 1991–2001 Ordinaria an der TU Graz. Forschungsschwerpunkte u.a.: Urbanistik als Kulturtheorie im 19. und 20. Jahrhundert. ¶ Zahlreiche Publikationen u.a »Das Bauhaus ist nicht abzubilden.« in: *Ikone der Moderne. Das Bauhausgebäude in Dessau* (Hg. W. Prigge, 2006) I »In Amerika denkt man anders« in: *Bauhausstil. Zwischen International Style und Lifestyle* (Hg. R. Bittner, 2003) I »Der Bauhaus-Mythos. Strategien der Erinnerungspolitik« in: *Bauhaus und Brasilia, Auschwitz und Hiroshima ...* (Hg. W. Prigge, 2003) I *Walter Gropius – Industriearchitekt* (1983).

ANNETT ZINSMEISTER ist seit 2007 Professorin für Gestaltung und Experimentelles Entwerfen an der Staatlichen Akademie der Bildenden Künste Stuttgart und seit 2009 Leiterin des Weißenhof-Instituts. Studium der Kunst, Architektur, Kultur- und Medienwissenschaft. 2003–2007 war sie Professorin an der Kunsthochschule Berlin und der Bergischen Universität Wuppertal, davor Lehre an der Bauhaus-Universität Weimar und TU Dresden. ¶ Zahlreiche Ausstellungen und Publikationen u.a.: *Jour Fixe. Zeitgenössiche Positionen in Architektur, Kunst, Design* (Hg. mit T. Wallisser) I *City + war. A trip to Sarajevo* (2008) I *welt[stadt]raum. Mediale Inszenierungen* (Hg., 2007) I *constructing utopia. Konstruktionen künstlicher Welten* (Hg., 2005) I *Plattenbau oder die Kunst, Utopie im Baukasten zu warten* (Hg., 2002).

HANS DIETER HUBER has been professor of contemporary art history, aesthetics, and art theory at the Academy of Fine Arts in Stuttgart since 1999. He is also director of the international master's degree course Konservierung Neuer Medien und digitaler Information (Conserving New Media and Digital Information), as well as having been an associate professor of the graduate course Bild, Körper, Medium (Image, Body, Medium) at the HfG Karlsruhe since 2006. From 1997–1999, he was professor of art history at the College of Graphic Art and Book Design, Leipzig and a Senior Fellow at the International Research Centre for Cultural Sciences in Vienna in 2007. ¶ Numerous publications incl.: *System und Wirkung. Interpretation und Bedeutung zeitgenössischer Kunst* (1989) | *Dan Graham. Interviews* (1997) | *Kunst des Ausstellens* (2002) | *Bild Medien Wissen* (2002) | *Bild, Beobachter, Milieu. Entwurf einer allgemeinen Bildwissenschaft* (2004) | *Paolo Veronese. Kunst als soziales System* (2005) | *Kunst als soziale Konstruktion* (2007) | *Das Jahrhundert der Extreme* (2010).

NIKO.31 / NILS EMDE niko.31 is a discussion and presentation space for actions that address urbanity, culture, landscape, and social commitment. It was founded in 2001 by Jens Fischer, Katja Heinecke, Reinhard Krehl, and Silke Steets. The projects and actions carried out by niko.31 evolve from urban protagonists' direct environment. They investigate and document the manifold, often wilful practices of such protagonists, seeing them as the starting point for planning and future design. In addition, deliberate interventions are made to produce stimuli, which help regenerate lost communication or invent new forms of interaction. Nils Emde is an artist living in Hamburg.

PHILIP URSPRUNG has been professor of modern and contemporary art at the University of Zurich since 2005. He has taught the history of art and architecture at e.g. the ETH Zurich, Berlin University of the Arts, and Columbia University New York. ¶ Numerous publications incl.: *Grenzen der Kunst: Allan Kaprow und das Happening, Robert Smithson und die Land Art* (2003) | *Herzog & de Meuron: Naturgeschichte* (ed., 2002) | *Caruso St John: Almost Everything* (ed., 2008) | *Die Kunst der Gegenwart* (2010).

KARIN WILHELM has been professor of architectural history and theory, and urbanity at the Technical University of Brunswick since 2001. After studying art history, philosophy, and sociology, she occupied a chair at the TU Graz from 1991–2001. Specialist research fields incl.: urbanistics as a cultural theory in the nineteenth and twentieth centuries. ¶ Numerous publications incl.: »Das Bauhaus ist nicht abzubilden« in: *Ikone der Moderne. Das Bauhausgebäude in Dessau* (ed. W. Prigge, 2006) | »In Amerika denkt man anders« in *Bauhausstil. Zwischen International Style und Lifestyle* (ed. R. Bittner, 2003) | »Der Bauhaus-Mythos. Strategien der Erinnerungspolitik« in *Bauhaus Brasilia Auschwitz Hiroshima. Weltkulturerbe des 20. Jahrhunderts: Modernität und Barbarei* (ed. W. Prigge, 2003) | *Walter Gropius—Industriearchitekt* (1983).

ANNETT ZINSMEISTER has been professor of design and experimental planning at the State Academy of Fine Arts in Stuttgart since 2007, where she was made director of the Weißenhof-Institute in 2009. She studied art, architecture, and cultural and media studies. From 2003–2007, she held professorships at the College of Arts Berlin-Weissensee and the Bergische Universität Wuppertal; before this she taught at the Bauhaus-University Weimar and the TU Dresden ¶ Numerous exhibitions and publications, incl.: *Jour Fixe. Zeitgenössische Positionen in Architektur, Kunst, Design* (co-ed. with T. Wallisser) | *City + War. A Trip to Sarajevo* (2008) | *welt[stadt]raum. Mediale Inszenierungen* (ed., 2007) | *constructing utopia. Konstruktionen künstlicher Welten* (ed., 2005) | *Plattenbau oder die Kunst, Utopie im Baukasten zu warten* (ed., 2002).

Danksagung

An erster Stelle möchte ich allen Autoren sehr herzlich danken, die mit ihrem Wissen, mit persönlichem Einsatz, großem Zeitaufwand und einem Höchstmaß an Kreativität ein solches Buch möglich machen. Jeannine Fiedler danke ich zudem für die Zusammenstellung einer umfassenden Bibliografie zum Thema Bauhaus. ¶ Der Staatlichen Akademie der bildenden Künste Stuttgart gilt Dank für die finanzielle Unterstützung des Weißenhof-Instituts, das vor 30 Jahren von Professor Arno Votteler gegründet wurde und uns seither die Möglichkeit bietet, derlei Publikationen zu initiieren und zu realisieren. Arno Votteler hat als Institutsgründer Pionierarbeit geleistet, in dem er bereits 1980 ein interdisziplinäres und eigenständiges Institut an der Akademie etablierte. Ihm gilt mein ganz persönlicher Dank für sein nachhaltiges Interesse, seine Offenheit und aufrichtige Unterstützung. Ihm ist dieser Band als erste Ausgabe der neu gegründeten WEISSENHOF EDITION gewidmet. ¶ Die Kunstakademie in Stuttgart zeichnet aus, dass sie – wie damals das Bauhaus – freie und angewandte Künste unter einem Dach vereint und so die Möglichkeit für vielseitige Kooperationen bietet. Auf dieses besondere Potenzial haben wir auch mit dieser Publikation zurückgreifen können und so danke ich Lisa Drechsel und Henrik Hillenbrand, die engagiert den konzeptuellen Entwurf und die grafische Gestaltung des Buches entwickelt haben, sowie meinem Kollegen Prof. Uli Cluss, der diese Arbeit betreut hat. ¶ Dem JOVIS Verlag Berlin gilt ein besonderer Dank für die professionelle Zusammenarbeit, insbesondere Jochen Visscher für den konstruktiven Austausch und die Unterstützung und Weiterentwicklung des Bandes, Philipp Sperrle für das sorgfältige Lektorat und die freundliche und engagierte Betreuung. Lucinda Rennison für die zügige und professionelle Übersetzung. ¶ Ein sehr herzlicher Dank gilt Adeline Seidel, die mit großem Engagement in die Produktionsphase eingestiegen ist und die Publikation in allen Bereichen hervorragend betreut hat.

Annett Zinsmeister, Stuttgart/Berlin 2010

Acknowledgment

First and foremost, I would like to express my warmest appreciation to all the authors, whose knowledge, personal commitment, expenditure of time and considerable creativity have made a book of this kind possible. Special thanks also go to Jeannine Fiedler for compiling an extensive bibliography on the subject of the Bauhaus. ¶ Gratitude is due to the State Academy of Fine Arts Stuttgart for its financial support of the Weißenhof Institute, which was founded by Professor Arno Votteler thirty years ago and has granted us the opportunity to initiate and realise this type of publication ever since. By establishing an independent interdisciplinary institute at the Academy as early as 1980, the founder Arno Votteler accomplished pioneering work. I am personally most grateful to him for his enduring interest, openness and genuine support. This book, the first publication in the newly founded WEISSENHOF EDITION, is dedicated to him. ¶ One characteristic of the Academy of Art in Stuttgart is that—like the Bauhaus in its time—it unites free and applied art under one roof, so presenting the opportunity for diverse cooperation. We have been able to exploit this particular potential for our publication, meaning that I must thank Lisa Drechsel and Henrik Hillenbrand for their great commitment in developing the conceptual and graphic design of this book, as well as my colleague Prof. Uli Cluss for supervising their work. ¶ Special thanks go to the publishers JOVIS Verlag Berlin for their professional cooperation, in particular to Jochen Visscher for a constructive exchange of views, his ongoing support for and development of the publication, and to Philipp Sperrle for his careful editing and congenial, committed guidance. We are also grateful to Lucinda Rennison for her quick, professional translations. ¶ Warmest gratitude is due to Adeline Seidel, who joined the project with great commitment during the production phase and has provided outstanding supervision in all aspects of the publication.

Annett Zinsmeister, Stuttgart/Berlin 2010

Bildnachweise
Picture Credits

Vorwort
Abb. 1: Schema von Walter Gropius, Bauhausarchiv Berlin
Abb. 2 und 3: Bauhausarchiv Berlin

Das Bauhaus in Weimar, Dessau und Berlin.
Ein Überblick
Abb. 1: Bauhausarchiv Berlin
Abb. 2: Schema von Paul Klee, VG Bild-Kunst Bonn 2010
Abb. 3 und 6: Fotografie von Umbo (Otto Umbehr), VG Bild-Kunst Bonn 2010
Abb. 4: Fotografie von Paula Stockmar von 1920, VG Bild-Kunst Bonn 2010
Abb. 5. Herbert Bayer
Abb. 7: Fotografie von Werner Rohde, Bauhausarchiv Berlin

Denkbilder unter Einfluss –
Das Bauhaus und die Versprechen des Amerikanismus
Abb. 1, 2, 5 und 8: unbekannt
Abb. 3 und 4: in Bucci, Frederico: Albert Kahn: Architect of Ford, New York (1993)
Abb. 6, 7 und 11: Bauhausarchiv Berlin
Abb. 9: Fotografie von Lucia Moholy-Nagy, VG Bild-Kunst Bonn 2010
Abb. 10: VG Bild-Kunst Bonn 2010

»Modernistischer Imperativ« –
Walter Gropius und die Deutungshoheit der Moderne
Abb. 1, 2, 3, 4 und 5: VG Bild-Kunst Bonn 2010
Abb. 6 und 7: unbekannt
Abb. 8: Schema von Ernst Jäckh

Design des (Un-)Menschlichen:
Das ambivalente Erbe des Bauhauses
Abb. 1: in Diserens, Corinne (Hg.): *Gordon Matta-Clark,*
New York (2003: 102, Abb. 134)
Abb. 2: in Sussman, Elisabeth (Hg.): *Gordon Matta-Clark,*
New York/New Haven (2007: 129)
Abb. 3: Courtesy the Estate of Gordon Matta-Clark and David Zwirner,
New York, VG Bild-Kunst Bonn 2010
Abb. 4: Fotografie von Philip Ursprung
Abb. 5: Fotografie von Frederic Berko, in Lambert, Phyllis (Hg.):
Mies in America, New York (2001)
Abb. 6: Wall, Jeff: »Dan Grahams Kammerspiel«, in:
Stemmrich, Gregor (Hg.): *Szenarien im Bildraum der Wirklichkeit.*
Essays und Interviews, Dresden (1997: 155)
Abb. 7: in Lambert, Phyllis (Hg.): *Mies in America,* New York (2001: 348)

Impressum
Colophon

© 2010 by jovis Verlag GmbH
Das Copyright für die Texte liegt bei den Autoren.
Das Copyright für die Abbildungen liegt bei den Fotografen/Inhabern
der Bildrechte.
Texts by kind permission of the authors.
Pictures by kind permission of the photographers/holders of the picture rights.

Alle Rechte vorbehalten.
All rights reserved.

Konzept und Redaktion | Concept and Editing Annett Zinsmeister, Adeline Seidel
Übersetzung | Translation Lucinda Rennison, Berlin
Gestaltung und Satz | Design and setting Lisa Drechsel, Henrik Hillenbrand
Lithografie | Lithography Lithotronic Media GmbH, Dreieich
Druck und Bindung | Printing and binding freiburger graphische betriebe

Bibliografische Information der Deutschen Nationalbibliothek
Die Deutsche Nationalbibliothek verzeichnet diese Publikation in der
Deutschen Nationalbibliografie; detaillierte bibliografische Daten sind
im Internet über http://dnb.d-nb.de abrufbar.
Bibliographic information published by the Deutsche Nationalbibliothek
The Deutsche Nationalbibliothek lists this publication in the Deutsche National-
bibliografie; detailed bibliographic data are available on the Internet at
http://dnb.d-nb.de

Weißenhof-Institut
Staatliche Akademie der Bildenden Künste Stuttgart
Am Weißenhof 1
D-70191 Stuttgart
www.weissenhof-institut.abk-stuttgart.de

jovis Verlag GmbH
Kurfürstenstraße 15/16
10785 Berlin
www.jovis.de

ISBN 978-3-86859-102-6